Die
**STUTT
GARTER
MARKT
HALLE
KOCHT**

Nizza Verlag

Es soll, so erzählt man sich, Kochmuffel gegeben haben, die nach einem einzigen Besuch der Stuttgarter Markthalle zu passionierten Köchen wurden. Verwunderlich wäre das nicht. Die Markthalle vereint so viele gute Eigenschaften, dass man sich ihrem Charme kaum entziehen kann.

Wie es sich für einen Markt gehört, liegt sie mitten in der Stadt, gleich neben dem Alten Schloss und der Stiftskirche. 1914 von Martin Elsaesser gebaut, schmückt sie sich außen mit gotisch anmutenden Arkaden, Rundtürmen, Erkern und farbigen Fresken. Die sichtbare Stahlbeton-Konstruktion im Innern mit einer umlaufenden Galerie und einem durchgehenden Glasdach in gewaltiger Höhe war damals zukunftsweisend und beeindruckt die Besucher noch heute.

Die nach schweren Beschädigungen im zweiten Weltkrieg 1953 rekonstruierte Halle wurde in den siebziger Jahren von einem Brand erneut verwüstet. Danach wäre sie um ein Haar Opfer des damals grassierenden Abrisswahns geworden. Ein Proteststurm von Bürgern, Standbesitzern, Presse und Landesdenkmalamt rettete den schönsten Bau der Stuttgarter Schule.

Ein Spaziergang durch die Markthalle ist wie eine Reise auf die Märkte der Welt. Ganz gleich mit welchem Rezept der Besucher in die Halle kommt: er findet garantiert alle Zutaten, jedes noch so ausgefallene Gewürz, jedes noch so exotische Gemüse. Auf 5000 Quadratmetern Verkaufsfläche bieten rund 40 Händler ein wahres Schlaraffenland.

Was diesen Ort aber so magisch macht, ist nicht nur die Schönheit der Halle, das farbenfrohe Angebot und die lebhafte Atmosphäre. Es sind vor allem die Händler, diese Genuss-Experten, die ihre Profession mit großer Leidenschaft betreiben. Ständig sind sie auf der Suche nach den besten Lebensmitteln, nicht nur den ausgefallensten, sondern den qualitativ herausragenden. Sie verfügen über ein enormes Fachwissen und erzählen bereitwillig, woher ihre Ware stammt und was man daraus zaubern kann. Die meisten kochen selbst gerne und verraten ihre Lieblingsrezepte. Daraus und aus unserem eigenen Fundus ist dieses Kochbuch entstanden. Die Rezepte wurden mehrfach an vielen kritischen Essern erprobt und für gut befunden. Sie sind raffiniert und dennoch leicht nach zu kochen.

Das Buch ist aber nicht nur eine Rezeptsammlung, sondern auch ein Bilderbuch. Es versucht die einzigartige Atmosphäre der Stuttgarter Markthalle einzufangen: die Kunden beim Einkauf, die Händler im Beratungsgespräch, das üppige Angebot und die schöne Architektur.

Gebratener Radicchio mit Parmesanspänen und gerösteten Pistazien

Für vier Personen

3 Esslöffel grüne Pistazien

2 Köpfe Radicchio Trevisano

3 Esslöffel Olivenöl

2 Esslöffel gesalzene Butter

2 Teelöffel brauner Zucker

2 Esslöffel Feigenbalsamico

Parmesan

Die Pistazien grob hacken und in einer Pfanne ohne Fett leicht anrösten. Den Radicchio von welken Blättern befreien und längs in Viertel schneiden. Vom Strunk so viel herausschneiden, dass die Viertel noch zusammenhängen. Das Öl und die Butter in einer Pfanne erhitzen und den Radicchio bei mittlerer Hitze von allen Seiten etwa 6 Minuten braten. Dabei immer wieder mit dem Bratfett beträufeln. Den braunen Zucker drüberstreuen und leicht karamellisieren lassen. Mit dem Feigenessig ablöschen und mit Salz und Pfeffer würzen. Radicchio auf Tellern anrichten und Parmesanspäne drüberhobeln. Die gerösteten Pistazien darauf verteilen und heiß oder lauwarm mit Weißbrot servieren.

Versuchen Sie den köstlichen Radicchio Trevisano mit seinem feinen Bitterton zu bekommen. Er hat lange, schmale, violette Blätter mit weißen Blattrippen, die eine lockere Rosette bilden. Seine Zucht ist kostspielig und mühevoll. Die Mutterpflanzen werden nach den ersten Frösten ab Ende November geerntet und in einem aufwändigen Verfahren ein zweites Mal zum Austreiben gebracht. Erst diese zweiten Blätter sind genießbar. Aus einer 6 cm langen Pfahlwurzel bilden sie einen schwertförmigen Kopf von 15 bis 25 Zentimetern mit lose ineinander gefügten Blättern. Radicchio ist im Grunde kein ganzer Salatkopf mehr, sondern nur dessen zartes Herzstück. Seine Saison geht bis Ende März oder Anfang April. Anstelle des Trevisano können Sie den bekannteren kugelförmigen Radicchio di Chioggia verwenden.

Gebackene Zucchiniblüten

Für vier Personen

12 Zucchiniblüten

125 g Mehl

2 Eier

1 Esslöffel Olivenöl

⅛ l Weißwein

Salz, Pfeffer

500 ml Öl zum Ausbacken

Für den Teig die Eier trennen. Mehl, Eigelbe, Olivenöl und Wein mit dem Schneebesen zu einem glatten Teig verrühren. Mit Salz und Pfeffer würzen und zugedeckt etwa 1 Stunde quellen lassen. Die Zucchiniblüten vorsichtig öffnen und den Blütenstempel abschneiden. Die Blüten vorsichtig reinigen, aber nicht waschen. Die Eiweiße mit einer Prise Salz zu Schnee schlagen und unter den Teig heben. Das Öl erhitzen. Die Zucchiniblüten einzeln durch den Teig ziehen und im heißen Öl goldbraun ausbacken. Mit einem Schaumlöffel herausheben und auf Küchenpapier kurz abtropfen lassen. Möglichst heiß servieren.

Für das Ausbacken eignen sich Sonnenblumen-, Raps- oder Olivenöl.

Gebratene Artischocken

Für vier Personen

8 junge, zarte Artischocken

100 ml Olivenöl

2 Knoblauchzehen

Salz, Pfeffer

Zitronensaft oder Aceto balsamico

Die äußeren, harten Blätter der Artischocken entfernen, die Blatt-spitzen abschneiden, die Stiele schälen. Die Artischocken je nach Größe halbieren oder vierteln. Das Olivenöl in einer Pfanne mit Deckel erhitzen. Die Artischocken im heißen Öl von allen Seiten anbraten. Sobald sie leicht gebräunt sind, den Deckel auflegen und auf niedriger Flamme in etwa 15 Minuten fertig garen.

Den Knoblauch schälen und in hauchdünne Scheibchen schnei-den, kurz mitbraten. Die Artischocken mit Salz, Pfeffer und einem Spritzer Zitronensaft oder Aceto balsamico würzen.

Für dieses Gericht eignen sich nur die kleinen, violetten Artischocken. Die besten sind im späten Winter und im Frühling zu haben. Wenn sie sehr jung sind, schmecken sie, in dünne Scheiben geschnitten, sogar roh. Wenn man sie schält, können auch die Stiele mitgegessen werden.

Geschmorte Borettana-Zwiebeln *Caterina Fortino, Zum Fruchtkorb*

Für vier Personen

1 Handvoll Cocktailtomaten

1 Esslöffel Kapern

10 schwarze, entkernte Oliven

1 kg Borettana-Zwiebeln

450 ml Wasser

150 ml milder Weißweinessig

100 ml fruchtiges Olivenöl

Oregano, frisch oder getrocknet

Salz, Pfeffer

Den Backofen auf 180 Grad vorheizen.

Die Tomaten waschen. Die Kapern mit kaltem Wasser abspülen. In Salz eingelegte Kapern müssen vorher mindestens 10 Minuten wässern. Die Oliven in Streifen schneiden. Die Zwiebeln schälen und nebeneinander in eine Auflaufform setzen. Cocktailtomaten, Kapern und Oliven dazwischen legen. Wasser, Essig und Olivenöl mischen und über die Zwiebeln gießen. Mit Salz und Oregano würzen und im heißen Backofen garen, bis die Zwiebeln weich sind und die Sauce sämig eingekocht ist. Je nach Größe der Zwiebeln dauert das 30 bis 60 Minuten, am besten prüfen Sie mit einem spitzen Messer, ob die Zwiebeln weich sind. Frisch gemahlenen Pfeffer drüberstreuen und mit kräftigem italienischem Landweißbrot servieren. Mit dem Weißbrot wird die herrlich würzige, sämig eingekochte Sauce aufgetunkt.

Die Borettana-Zwiebel ist eine milde, eher süße Zwiebel, die sich hervorragend zum Einlegen eignet. Bekannt sind die sehr flachen Borettana auch als Antipasti beim Italiener.

Pimientos en aceite – Marinierte Paprikaschoten

Für vier Personen

4 rote Paprikaschoten

50 g in Salz oder Essig eingelegte sehr kleine Kapern „Nonpareilles"

½ unbehandelte Zitrone

½ Bund glatte Petersilie

1 Knoblauchzehe

Fleur de Sel

schwarzer Pfeffer

1 Esslöffel sehr guter Weinessig

100 ml sehr gutes Olivenöl

Den Backofen auf 220 Grad vorheizen.

Die Paprikaschoten waschen und im Ofen etwa 20 Minuten grillen, bis die Haut braune Stellen bekommt und Blasen wirft; abkühlen lassen und die Haut abziehen. Die Schoten vierteln, das Kerngehäuse und die Trennwände entfernen und das Fruchtfleisch in breite Streifen schneiden. Die Kapern mit kaltem Wasser abspülen. Wenn Sie gesalzene Kapern verwenden, müssen Sie diese mindestens 10 Minuten wässern und sehr gut abspülen. Die Zitronenschale abreiben. Die Petersilie waschen, trocken schleudern, die Blättchen abzupfen und grob hacken.

Die Knoblauchzehen schälen und in sehr feine Scheiben schneiden. Die Paprika nebeneinander auf eine flache Platte legen, mit Salz, Pfeffer und Zitronenschale würzen, Kapern und Knoblauch darauf verteilen, mit Essig und Öl beträufeln und mit der Petersilie bestreuen. Mindestens 2 Stunden marinieren lassen, auch eine ganze Nacht in der Marinade schadet den Paprikaschoten nicht. Sie schmecken lecker als Beilage zu Gegrilltem, auf einem Buffet oder solo zu einem guten Stück Brot.

Feinkost Guschee heißt auf Deutsch Feinkost-Ecke. Dass viele Kunden glauben, Guschee sei sein Nachname und ihn damit ansprechen, stört Kheirallah Safar nicht, es amüsiert ihn. So wie er überhaupt gerne lacht und in seiner Feinkost-Ecke, die tatsächlich in einer Ecke der Markthalle gelegen ist, eine freundlich heitere Atmosphäre schafft. Man hält sich gerne dort auf.

Sich beruflich mit Essen und Lebensmitteln zu beschäftigen war schon lange ein Traum, den er allerdings nur auf Umwegen realisieren konnte. Bevor er 2001 seinen Feinkoststand in der Markthalle eröffnete, war er Reha-Fachberater, später Inhaber eines Supermarktes mit internationalem Angebot. Zu seiner Feinkost-Ecke kam er quasi über Nacht. Als einer seiner Freunde von seinem Mietvertrag für den Markthallenstand zurückgetreten war, wagte er kurz entschlossen den Sprung ins kalte Wasser und bewarb sich.

Geboren ist Kheirallah Safar am Kaspischen Meer im Iran, einem sehr fruchtbaren Gebiet mit subtropischem Klima. Hier gedeiht alles üppig, und er erinnert sich, dass der Tisch in seinem Elternhaus immer reichlich gedeckt war, mit vielen Gemüsen und Früchten. Überhaupt hat Essen in seiner früheren Heimat einen hohen Stellenwert. Auf den Tisch kommen unzählige kleine Schalen mit frischen Köstlichkeiten und so ähnlich sieht auch seine Auslage aus. Viele Schüsseln mit den leckersten Cremes und Pasten, die er alle selbst zubereitet: Humus aus Kichererbsen, Taramas, feurige Harissa, Auberginenmus, Zucchinipaste mit Granatapfelkernen, verschiedene Pesto-Sorten, Datteln gefüllt mit Walnüssen, getrockneten Früchten, Nougat oder Pistazienmarzipan. Als einziger Händler in der Markthalle verkauft er Kaviar. Er bezieht ihn, dank seiner Sprach- und Landeskenntnisse, zu guten Konditionen direkt aus dem Iran. Auch das teuerste Lebensmittel der Welt, echten Safran, bietet Kheirallah Safar an. Aufgrund der mikroskopischen Dosen, die zum Aromatisieren ausreichen, ist er auch für kleine Geldbeutel erschwinglich. Es gibt französische und italienische Trüffel, kleine luftgetrocknete Salamis aus der Normandie, fast schwarze, würzige Hirsch- und Wildschweinschinken und eine kleine Auswahl von Demeter-Fleisch. Rohmilchbergkäse, den ein befreundeter Allgäuer Käsemacher exklusiv für ihn herstellt, harmoniert wunderbar mit einem säurearmen, fein-süßen Dattelessig. Aus großen Ballonflaschen werden Olivenöl, Balsamessige und feine Liköre aus einer kleinen hessischen Destillerie abgefüllt. Kheirallah Safar nimmt sich viel Zeit, um Produzenten von exquisiten Produkten zu finden und ebenso viel Zeit, um sie seinen Kunden vorzustellen. Weil Gastfreundschaft für ihn „etwas Heiliges" ist, lässt er seine Kunden sehr gerne alles probieren und wenn er genügend Zeit hat kocht er dazu einen köstlichen Schwarztee mit Kardamom und frischer Minze.

Von Kheirallah Safar stammt das Rezept für „Humus – Kichererbsen-Sesam-Paste" auf der folgenden Seite.

Humus – Kichererbsen-Sesam-Paste

Kheirallah Safar, Feinkost Guschee

Für vier Personen

250 g getrocknete
Kichererbsen

Salz

1 Lorbeerblatt

2 Knoblauchzehen

1 rote Chilischote

4 Esslöffel Olivenöl

2 Esslöffel Tahina
(Sesampaste)

100 g Vollmilch-Joghurt

Saft von 1 Zitrone

½ Teelöffel gemahlener
Kreuzkümmel

1 Teelöffel Paprika edelsüß

2 Teelöffel Paprika rosenscharf

3 Zweige glatte Petersilie

2 Esslöffel Pinienkerne

Die Kichererbsen waschen, in einer Schüssel mit kaltem Wasser 12 Stunden einweichen, anschließend abgießen und abspülen. In reichlich Salzwasser mit dem Lorbeerblatt in etwa 1 Stunde weich kochen, in ein Sieb gießen und abtropfen lassen. 1 Tasse Kochwasser auffangen.

Die Knoblauchzehen schälen und grob zerteilen. Die Chilischote längs aufschneiden, die Kerne entfernen und das Fruchtfleisch in grobe Stücke schneiden. Die Kichererbsen mit 2 Esslöffeln Olivenöl in der Küchenmaschine fein pürieren, bis eine homogene Paste entsteht.

Wenn die Masse zu trocken ist, mit etwas Kochwasser verdünnen. Das Püree mit Sesampaste, Joghurt und Zitronensaft verrühren. Mit Salz, Kreuzkümmel und edelsüßem Paprikapulver abschmecken und mindestens 30 Minuten kalt stellen.

Das restliche Olivenöl mit dem rosenscharfen Paprikapulver verrühren. Die Petersilie waschen, trocken schleudern, die Blättchen abzupfen und grob hacken. Die Pinienkerne in einer Pfanne ohne Fett goldbraun rösten. Den Humus in eine flache Schale füllen und glatt streichen. Mit einem Löffel sternförmig Furchen in die Paste drücken und das Paprika-Öl hineinträufeln. Mit der Petersilie und den Pinienkernen bestreut servieren. Humus schmeckt am besten mit frischem, geröstetem Fladenbrot.

Humus heißt auf arabisch Kichererbse. Gleichzeitig ist Humus eine orientalische Vorspeise und gehört zu den Mezze, einer Vielzahl von kalten Pasten, Pürees, Salaten und Teigbällchen, die mit Fladenbrot gegessen werden.

Empanadas – Gefüllte Teigtaschen

Javier Sanz, Weine und Feinkost aus Argentinien, Italien und Spanien

Für sechs Personen

Teig

1 Würfel frische Hefe

750 g Mehl

12 Esslöffel Öl

3 Prisen Salz

1 Teelöffel Ají Molido
(getrocknete Chiliflocken)

Füllung

500 g Rinderhack

1 Esslöffel Schmalz

1 Zwiebel

2 Knoblauchzehen

1 rote Paprikaschote

1 Bund Oregano

3 Eier

50 g Rosinen

Salz, Pfeffer

½ Teelöffel gemahlener
Kreuzkümmel

½ Teelöffel edelsüßes
Paprikapulver edelsüß

1 Ei zum Bestreichen

Die Hefe in 200 ml lauwarmes Wassers krümeln und so lange rühren, bis sie sich aufgelöst hat. 2 Esslöffel Mehl unterrühren. Den Vorteig 15 Minuten an einem warmen, zugfreien Ort gehen lassen. Anschließend mit dem restlichen Mehl und 300 ml lauwarmem Wasser zu einem kompakten Teig kneten. Mit Salz und Ají Molido würzen. Nach und nach das Öl einarbeiten und so lange kneten, bis der Teig nicht mehr klebt. Zugedeckt etwa 30 Minuten an einem warmen, zugfreien Ort gehen lassen, bis sich das Teigvolumen verdoppelt hat.

Für die Füllung die Rosinen in heißem Wasser einweichen. Zwiebel und Knoblauchzehen schälen und fein hacken. Die Paprikaschote waschen und halbieren, Trennwände und Kerne entfernen und das Fruchtfleisch in kleine Würfel schneiden. Die Oreganoblättchen abzupfen. Die Eier hart kochen und grob hacken. Die Zwiebel in einer Pfanne im heißen Schmalz anbraten, Knoblauch und Paprika dazugeben. Nach etwa 3 Minuten das Rinderhack dazugeben und unter ständigem Rühren krümelig braten. Das Fleisch abkühlen lassen, gehackte Eier, Rosinen und Oregano untermischen und mit Salz, Pfeffer, Kreuzkümmel und Paprika würzen.

Den Backofen auf 180 Grad vorheizen. Ein Backblech mit Backpapier auslegen. Den Teig nochmals gut durchkneten und auf der bemehlten Arbeitsfläche 2 mm dick ausrollen. Kreise von etwa 15 cm Durchmesser ausstechen. Jeweils einen gehäuften Esslöffel Füllung auf eine Hälfte geben, den Rand mit verquirltem Eiweiß bestreichen. Den Teig zu einem Halbmond zusammenklappen und den Rand mit einer Gabel festdrücken. Die Teigtaschen mit verquirltem Eigelb einpinseln und auf das Backblech legen. Im heißen Ofen 25 bis 30 Minuten backen. Mit einer Tomaten-Salsa und einem grünen Salat servieren.

Wer Rosinen nicht mag, kann sie durch kleingeschnittene schwarze Oliven ersetzen. Auch wenn es nicht authentisch ist: ein Hauch Zimt in der Füllung schmeckt wunderbar.

Empanadas werden in ganz Lateinamerika und in Spanien gegessen. Anstelle von Rinderhack werden auch Huhn, Fisch, Meeresfrüchte, Käse, Gemüse oder süße Füllungen in den Teig gepackt.

Die argentinische Küche ist stark geprägt von den Herkunftsländern der Immigranten, die sich in Südamerika in der Hoffnung auf ein besseres Leben niederließen. Der Hauptstrom der Einwanderer kam zwischen 1880 und 1930 vor allem aus Italien und Spanien. Um die Jahrhundertwende gab es in Buenos Aires mehr italienische Einwanderer als Argentinier. Vor diesem Hintergrund versteht man, wie es dazu kam, dass Javier Sanz, der Argentinier mit dem italienischen Uropa, Weine und Feinkost aus Argentinien, Italien und Spanien vertreibt. In den neunziger Jahren kam Sanz nach Deutschland und da er etwas „Vernünftiges" lernen wollte, machte er zunächst eine Ausbildung zum Zahntechniker. Aber weil sein eigentliches Interesse schon immer gutem Essen und gutem Wein galt, freute er sich über die Eröffnung seines Standes mehr als über die bestandene Gesellenprüfung.

Für das typisch argentinische Asado, ein stundenlanges Grillvergnügen in der Groß-familie oder im Freundeskreis, holt er argentinisches Rindfleisch aus den Katakomben der Markthalle – auch wenn seine Kunden das Fleisch „nur" in der Pfanne braten oder auf den Balkon-Grill legen. Die obligatorische Grillsauce Chimichurri, eine Art scharfes Kräuterpesto, gibt's natürlich auch bei ihm, genauso wie Ají Molido, die getrockneten Chiliflocken, die laut Javier Sanz das Grundnahrungsmittel der Argentinier sind. Haus-gemacht und ebenfalls typisch argentinisch sind die Empanadas.

Eindeutig seinen italienischen Wurzeln zuzuschreiben ist sein Faible für luftgetrock-neten Schinken. Eine seiner edelsten Sorten ist der Culatello di Zibello aus der Nähe von Parma. Er wird aus dem Fleisch der seltenen Schweinerasse Nera Parmigiana gemacht. Zweimal wöchentlich kommen frische Nudeln aus Italien: Ravioli gefüllt mit Trüffeln, Wildschwein, Steinpilzen, Ricotta und Spinat oder Hirsch und Maronen. Auch bei den Weinen zeigt sich Javier Sanz heimatverbunden: Argentinien, Italien und Spanien sind die Länder, aus denen er Wein importiert. Besonders am Herzen liegt ihm der Malbec, eine Traube, die ursprünglich aus Frankreich kommt, dort allerdings keine großen Erfolge feiern konnte. Erst als vor wenigen Jahren Winzer aus Argentinien begannen, den tief dunklen, nach Pflaumen schmeckenden Wein zu exportieren, wurde Weinkennern aus aller Welt bewusst, dass die Rebe für sehr gute Weine taugt. Kein Wunder, denn das argentinische Klima ist für den Malbec ideal: kontinental, sonnig und trocken mit starken Temperaturschwankungen zwischen Tag und Nacht. Sanz serviert ihn zu einem seiner Lieblingsgerichte, die Zutaten dafür gibt es in seinem Sortiment. Ravioli mit unterschiedlichen Füllungen werden gegart, nebenher lässt er eine Scheibe Gorgonzola in einer Pfanne schmelzen, gibt etwas Olivenöl dazu, würzt mit Ají Molido und rührt ein Gläschen Steinpilz-Trüffel-Paste unter. Dann wird mit einem Schuss Weißwein abgelöscht und die Sauce über die Pasta gegossen. Lecker!

Javier Sanz' Rezept für Empanadas finden Sie auf Seite 21.

„Imam bayildi – Der Imam fiel in Ohnmacht"
Gebratene Auberginen mit Tomatenzwiebelfüllung

Hasan und Kadriye Veizoglou, Spezialitäten aus Griechenland und der Türkei

Für vier Personen

4 mittelgroße Auberginen

2 mittelgroße Zwiebeln

2 mittelgroße Tomaten

2 milde grüne Peperoni

1 Bund glatte Petersilie

1 Teelöffel Zucker

3 Knoblauchzehen

6 Esslöffel Olivenöl

Salz

Die Auberginen waschen, den Stiel dranlassen und der Länge nach Streifen von 3 bis 4 cm Breite abschälen (jede Frucht ist dann gestreift wie die Hose von Obelix). Die Auberginen längs einschneiden, sodass eine Tasche entsteht, und etwa 30 Minuten in Salzwasser legen.

Die Zwiebeln schälen und in Ringe schneiden. Die Tomaten überbrühen, häuten und das Fruchtfleisch grob würfeln. Die Peperoni waschen, halbieren, Kerne und Trennwände entfernen und die Schoten in Streifen schneiden. Die Petersilie waschen, trocken schütteln, die Blättchen abzupfen und fein hacken. Alle Zutaten gut mischen und mit Salz und Zucker würzen.

Die Auberginen aus dem Salzwasser nehmen und vorsichtig zwischen Küchenkrepp ausdrücken. Die Taschen auseinanderziehen und mit ¾ der Tomaten-Zwiebel-Mischung füllen. Die Auberginen nebeneinander in eine Pfanne oder einen flachen Bräter legen und die restliche Füllung darauf verteilen. Die Knoblauchzehen schälen, in Stifte schneiden und in die Füllung stecken. Das Öl mit ¼ Liter Wasser verrühren und über die Auberginen gießen.

Die Auberginen etwa 10 Minuten zugedeckt bei starker Hitze braten, die Hitze reduzieren und bei mittlerer Hitze in etwa 45 Minuten garen. Im Topf abkühlen lassen und lauwarm mit Fladenbrot servieren.

„Der Imam fiel in Ohnmacht" heißt dieses Gericht, weil der Legende nach der Imam aus Entzücken über diese köstliche türkische Speise ohnmächtig wurde. Es kursiert auch die Version des gefräßigen Imam, der so viel von den Auberginen gegessen haben soll, dass er vor Erschöpfung umfiel.

Seine erste Mahlzeit auf deutschen Boden war ein halbes Hähnchen aus dem „Wienerwald". Das Erlebnis war so eindrucksvoll, dass Hasan Veizoglou sich noch heute an jede Einzelheit erinnern kann. Spendiert hat es ihm und seinen Kollegen ein Mitarbeiter der Robert Bosch GmbH, nachdem sie am 19. März 1973 in Stuttgart, Punkt Mitternacht, aus dem Zug gestiegen waren. Eingestiegen war Hasan Veizoglou viele Stunden zuvor in seinem kleinen, griechischen Dorf in Thrakien an der bulgarisch-türkischen Grenze. Nach der Militärzeit unterschrieb er wie viele seiner Freunde einen Arbeitsvertrag bei Robert Bosch.

Neben seiner Arbeit in der Fabrik half er samstags in der Markthalle aus. Auf die Frage, ob das nicht sehr anstrengend gewesen sei, erwidert er lakonisch, er sei doch zum Arbeiten nach Deutschland gekommen. Die Arbeit am Gemüsestand gefiel ihm wesentlich besser, als die in der Fabrik. Dass ihm 1979 ein eigener Stand in der

Markthalle angeboten wurde, empfindet er noch heute wie einen Sechser im Lotto. Kurz zuvor hatten er und seine Frau Kadriye geheiratet. Sie kommt aus demselben Dorf und war nach Michelstadt im Odenwald ausgewandert. Durch einen glücklichen Zufall kam er an ihre Adresse und holte Kadriye nach Stuttgart. Seitdem verkaufen sie Spezialitäten aus Griechenland und der Türkei gemeinsam an ihrem Stand. Früher, als die Ware im Großmarkt noch knapp war, musste Hasan Veizoglou jeden Tag um drei Uhr aufstehen, um die beste Qualität zu ergattern. Heute reicht es, wenn er um sieben Uhr dort erscheint. Oliven und Schäfskäse, die Basisprodukte aus ihrer An-fangszeit, gehören auch heute noch zum Sortiment, das sich aber immer mehr der Feinkost verschrieben hat. Die verschiedenen Schafskäsesorten werden nicht nur pur verkauft, sondern auch eingelegt mit Chili, Kräutern oder Knoblauch. Anstelle von drei Sorten Oliven gibt es zwanzig, dazu kommen Frischkäsepasten mit Paprika, Kräutern und Nüssen, weiße Bohnen in Tomatensauce, Tintenfischsalat, gefüllte Weinblätter, gegrillte Peperoni, Humus, Auberginensalat, eingelegte Zucchini und Tsatsiki. Heute haben sie mehr deutsche als griechische und türkische Kunden, die Deutschen haben die östliche Mittelmeerküche mit ihren vielen Vorspeisen lieben gelernt. Dass ihre Kunden mit den Jahren anspruchsvoller wurden, gefällt Kariye und Hasan Veizoglou. Sie verstehen das als Ansporn, ihr Angebot immer weiter auszubauen, neue Rezepte auszuprobieren, neue Waren ins Sortiment zu nehmen. Zum Beispiel die schöne Aus-wahl feiner griechischer Olivenöle und Weine. Diese haben sich Dank des Ehrgeizes junger griechischer Winzer zu einer echten Alternative zu den großen und etablierten Weinen Frankreichs und Italiens entwickelt. Es macht Spaß, sich durch die unter-schiedlichen griechischen Anbaugebiete zu trinken und sich dabei von den Veizoglous beraten zu lassen.

Von Kadriye und Hasan Veizoglou kommt das Rezept für gebratene Auberginen mit Tomatenzwiebelfüllung „KaImam bayildi – Der Imam fiel in Ohnmacht" auf der vor-herigen Seite.

Morcilla en salsa de Tomate – Blutwurst in Tomatenvinaigrette

Tanja Schuller und Chrisostomos Pantoulakis, El Mercado Espagnol

Für zwei Personen

1 Esslöffel Sherryessig

4 Esslöffel Olivenöl

Zucker

½ Teelöffel frische Oregano-blättchen

Salz, Pfeffer

4 luftgetrocknete Blutwürste

500 g reife Tomaten

1 bis 2 Knoblauchzehen

Aus Sherryessig, 2 Esslöffeln Olivenöl, 1 Prise Zucker, den Oreganoblättchen, Salz und Pfeffer eine Marinade rühren. Die Tomaten mit kochendem Wasser überbrühen, kalt abschrecken, häuten und entkernen. Das Fruchtfleisch sehr fein hacken. Die Knoblauchzehen schälen und ebenfalls sehr fein hacken. Tomaten und Knoblauch mit der Marinade mischen.

Die Blutwürste in dicke Scheiben schneiden. Das restliche Olivenöl in einer Pfanne erhitzen und die Wurstscheiben auf beiden Seiten jeweils 2 Minuten braten.

Die Tomatenvinaigrette auf 4 Teller verteilen und die Wurst-scheiben darauf legen. Mit frischem Baguette oder Bauernbrot servieren.

Morcilla ist eine Blutwurstspezialität aus Spanien. Sie wird während des Schlachtfestes im Spätherbst hergestellt. Die Wurstmasse wird in Schweinedärme gefüllt und in sieden-dem Wasser gebrüht. Anschließend wird sie luftgetrocknet oder auch frisch gegessen. Bei den Zutaten und Gewürzen ist das maurische Erbe noch sehr deutlich zu spüren. Sie enthält neben Speck je nach Region unterschiedliche Gewürze und Gemüse, manch-mal sogar Reis und Kürbis. In der spanischen Küche wird die Morcilla gegrillt oder gebraten als Tapa gegessen oder in Eintöpfen mitgekocht.

Seit 2002 bieten die Geschwister Tanja Schuller und Chrisostomos Pantoulakis in ihrem El Mercado Espagnol spanische Spezialitäten an. Der Markthalle sind sie schon viel länger verbunden, denn ihre Eltern verkauften hier schon seit 1971 griechische Spezialitäten. Nach wie vor führen die Geschwister ein feines Angebot an Ölen, Oliven, Honig, eingelegten Gemüsen, Salaten und Pasten. Die Pflege der Familientradition macht ihnen zwar Spaß, aber es reizte sie auch, etwas Eigenes auf die Beine zu stellen. Als guten Kaufleuten war ihnen klar, dass dieses Neue eine Marktnische sein musste, um erfolgreich zu werden. Ihrem Spürsinn verdankt die Markthalle heute ein hervorragendes Angebot spanischer Delikatessen. Tanja Schuller und ihr Bruder haben von Anfang an mutig auf Qualität und Klasse gesetzt und ihre Kunden danken es ihnen. Das Angebot bei Großhändlern war ihnen nicht speziell genug, nullachtfünfzehn, wie Tanja Schuller sagt. Sie kaufen ihre Ware überwiegend bei kleinen Erzeugern, die sie auf ihren Reisen in ganz Spanien selbst aussuchen, und können deshalb ihr Angebot auch so fachkundig und detailliert beschreiben.

Die „Stars" ihrer Auslage sind die Würste und Schinken, und hier vor allem der 36 oder 24 Monate gereifte Jamon iberico de bellota. Die Pata Negra, die iberischen Schwarzfußschweine, die den Schinken liefern, leben halbwild in freier Natur in der Extremadura und ernähren sich von Eicheln. Der Schinken ist fast schwarz und die weißen Pünktchen aus kristallisiertem Salz an der Schnittfläche sind kein Qualitätsmangel, sondern im Gegenteil ein Zeichen für beste Qualität. Ebenso edle Stücke sind der Lomo Iberico de bellota, die luftgetrocknete Lende vom eichelgemästeten Schwein, der Jamon Serrano Gran Reserva und der Fuet, eine luftgetrocknete dünne Dauerwurst aus Katalonien, die mit der Salami verwandt ist.

Deutlich billiger, aber nicht minder exquisit sind die Morcilla Iberica oder Andaluza, Blutwürste vom iberischen Schwein mit Kartoffeln oder Zwiebeln, oder die Chorizo in milder und pikanter Variante. Auch die Käse aus Kuh-, Schafs- und Ziegenmilch stammen von kleinen Erzeugern, viele aus Rohmilch hergestellt, wie der seltene Queso de Cabrales aus Asturien. Der Käse aus Kuh-, Ziegen- und Schafsrohmilch reift in Höhlen bei Cabrales und erhält dort seine Edelschimmelkulturen. Beliebt sind die selbst kreierten Tapas-Röllchen, die in hausgemachtem Haselnuss-Sirup baden dürfen: In Serranoschinken eingewickelte Aprikosen, Feigen, Datteln, Pflaumen, gegrillte Zucchini- und Auberginenscheiben oder Stücke vom Manchego.

Von El Mercado Espagnol stammen die Rezepte „Morcilla en salsa de tomate – Blutwurst in Tomatenvinaigrette" auf Seite 27 und „Kichererbseneintopf mit Chorizo und Chili-Knoblauchöl" auf Seite 132.

Bruschette und Scampi mit Lardo di Colonnata

Antonio Fattizzo und Vivian Papadopoulos-Fattizzo, Il Buongustaio

Für vier Personen

8 rohe Scampi mit Kopf

8 hauchdünne Scheiben Lardo di Colonnata

1 Esslöffel Olivenöl

Pfeffer

4 Scheiben kräftiges italienisches Weißbrot, etwa 2 cm dick

2 Esslöffel Olivenöl

1 Knoblauchzehe

Oregano

Die Scampi schälen, den Kopf dranlassen. Am Rücken entlang einschneiden und den schwarzen Darm vorsichtig mit einem spitzen Messer entfernen. Die Scampi mit Küchenkrepp gut abtrocknen und jeweils mit einer Scheibe Lardo umwickeln. Für die Bruschette den Backofengrill vorheizen.

Die Brotscheiben auf ein Backblech legen, mit Olivenöl bepinseln und unter dem Grill goldbraun rösten. Mit der geschälten Knoblauchzehe einreiben und mit jeweils 2 Scheiben Lardo locker belegen. Die Brote noch einmal für 1 bis 2 Minuten unter den Backofengrill schieben, der Speck soll sich nur erwärmen.

In der Zwischenzeit 1 Esslöffel Olivenöl in einer Pfanne erhitzen und die Scampi darin von jeder Seite 1 Minute braten, mit Pfeffer würzen.

Die Bruschette aus dem Ofen holen und mit Oregano bestreuen. Die Scampi mit den Bruschette servieren.

Lardo di Colonnata verdankt seinen Namen der Stadt Colonnata in den Apuanischen Alpen in der Toskana. Im westlichen Teil, den sogenannten Marmoralpen, befindet sich bei Carrara eines der größten Marmorvorkommen der Welt. Der Lardo di Colonnata war für die Arbeiter in den Marmorbrüchen einst ein idealer Energielieferant. Der schneeweiße Rückenspeck natürlich aufgezogener Schweine wird in große, rechteckige Stücke geschnitten und mit Gewürzen eingerieben. Lagenweise werden die in reichlich Salz gewälzten Speckstücke mit Kräutern und Gewürzen in ein Marmorbecken geschichtet und mit einer schweren Steinplatte verschlossen. Sie bleiben für drei bis sechs Monate zum Reifen unter Verschluss. Nach der Lagerzeit schimmert der weiße Lardo leicht rosig. Beim Öffnen des Marmorbeckens soll er einen herrlichen, leicht salzigen Duft nach Meer verbreiten. Wichtig ist, dass er immer hauchdünn, fast durchsichtig aufgeschnitten wird.

Bruschette mit Kürbis-Chutney und Bleu d'Auvergne

Alain Permezel, Französische Spezialitäten

Ergibt 2 Gläser à 200 ml Inhalt

600 g Muskatkürbis

2 mittelgroße Äpfel

200 g Schalotten

4 Esslöffel Sonnenblumenöl

1 Esslöffel braune Senfkörner

1 Esslöffel helle Senfkörner

3 getrocknete Chilischoten

1 Teelöffel Koriandersaat

1 Teelöffel Kurkuma

120 g brauner Rohrzucker

120 ml Weißweinessig

200 ml Weißwein

Salz, Pfeffer

8 Scheiben Baguette oder Ciabatta

2 Esslöffel Olivenöl

300 g Bleu d'Auvergne, auch Roquefort oder Stilton

Den Kürbis schälen, die Kerne herausschneiden und das Fruchtfleisch in feine Würfel schneiden. Die Äpfel schälen und vierteln, das Kerngehäuse entfernen, die Spalten in feine Würfel schneiden. Die Schalotten schälen und fein würfeln. Das Öl in einem breiten Topf erhitzen, Kürbis und Schalotten darin andünsten. Die Apfelwürfel dazugeben und kurz mitdünsten.

Senfkörner, Chilischoten, Koriander und Kurkuma zugeben und mit dem Zucker leicht karamellisieren lassen. Mit Essig und Wein ablöschen, aufkochen und zugedeckt 30 bis 40 Minuten bei milder Hitze kochen. Zum Schluss mit Salz und Pfeffer abschmecken, noch einmal aufkochen und heiß in Schraubgläser füllen. Die Gläser verschließen und auf den Deckel stellen.

Für die Bruschette die Brotscheiben mit Olivenöl einpinseln, auf ein Backblech legen und unter dem Backofengrill goldbraun rösten. Den Käse in Würfel schneiden, auf den heißen Brotscheiben verteilen und mit dem Chutney bestreichen. Sofort servieren

Das Chutney hält sich ungeöffnet mindestens 4 Wochen. Es passt außer zu Schimmelkäse zu frischem oder altem Ziegenkäse, reifem Hartkäse, aber auch zu Geflügel und kurzgebratenem Fleisch.

Blätterteigtartelettes mit Tomaten und Zucchini

Ergibt 12 Stück

4 Scheiben Tiefkühl-Blätterteig

600 g kleine Flaschentomaten

2 Knoblauchzehen

Salz, schwarzer Pfeffer

1 Teelöffel Puderzucker

2 mittelgroße Zucchini à 180 g

1 Eigelb

1 Esslöffel Milch

10 schwarze Oliven

2 Esslöffel Olivenöl

3 Stängel Thymian

grobes Meersalz

3 Stängel Basilikum

Backpapier

Die Blätterteigscheiben auftauen.

Ein Backblech mit Backpapier auslegen. Die Tomaten waschen, längs halbieren und mit der Schnittfläche nach oben auf das Blech legen. Den Knoblauch schälen, in hauchdünne Scheiben schneiden und auf den Tomatenhälften verteilen. Mit Salz und Pfeffer würzen und den Puderzucker drübersieben. Das Blech auf die unterste Schiene des Backofens schieben und die Tomaten bei 160 Grad 35 bis 40 Minuten garen.

Die Zucchini waschen, Stielansätze abschneiden und in 2 mm dicke Scheiben schneiden. Die Scheiben auf 2 mit Backpapier belegte Bleche legen, mit Salz und Pfeffer bestreuen und nach 10 Minuten zu den Tomaten in den Ofen schieben. Das Gemüse weitere 25 bis 30 Minuten backen, aus dem Ofen holen, abkühlen lassen und auf eine große Platte umsetzen.

1 Tablett oder Schneidbrett, das in den Kühlschrank passt, mit Backpapier belegen. Die Blätterteigscheiben quer in 3 Streifen schneiden und nebeneinander auf das Papier legen. Jedes Teigstück in der Mitte mehrfach mit einer Gabel einstechen, den Rand unberührt lassen. Das Eigelb mit der Milch verquirlen und die Teigstücke damit einpinseln. Aufpassen, dass nichts über den Teigrand läuft. Die Teigstücke 30 Minuten kalt stellen.

Den Backofen mit einem Backblech auf 200 Grad vorheizen.

Die Oliven in Spalten vom Kern schneiden. Die Blätterteigstücke aus dem Kühlschrank holen. Jeden Teigstreifen zuerst mit Zucchinischeiben, dann mit den Tomatenhälften dicht belegen und mit Olivenöl bepinseln. Die Olivenspalten darauf verteilen. Die Teigstücke mit dem Backpapier auf das heiße Backblech ziehen und 15 bis 17 Minuten backen. Die Thymianblättchen abzupfen, die Basilikumblätter abzupfen und in Streifen schneiden. Die Tartelettes aus dem Ofen holen, mit Thymianblättchen, Pfeffer, grobem Meersalz und Basilikumstreifen bestreuen. Noch warm mit einem Glas Rosé oder Sekt servieren.

Crespelle mit Kräutern

Für 4 Personen

Pfannkuchenteig

20 g Butter

120 g Mehl

200 ml Milch

etwas Mineralwasser

2 Eier

Salz, Pfeffer, Muskat

etwas Butter zum Ausbacken

Füllung

2 Handvoll gemischte Kräuter: Petersilie, Schnittlauch, Kerbel, Thymian, Dill, Sauerampfer, Minze

300 g Ricotta

etwas Milch

Salz, Pfeffer, Chili

1 unbehandelte Zitrone

Die Butter erhitzen, bis sie flüssig ist. Mehl, Milch, 1 Schuss Mineralwasser und die flüssige Butter mit einem Schneebesen glatt rühren. Die Eier unterrühren und alles zu einem glatten, relativ dünnflüssigen Teig verrühren. Mit Salz, Pfeffer und Muskat abschmecken. Den Teig ½ Stunde quellen lassen. Eine beschichtete Pfanne von etwa 16 cm Durchmesser erhitzen und mit wenig Butter auspinseln. Mit einer Schöpfkelle etwas Teig gleichmäßig in der Pfanne verteilen und nacheinander 8 bis 10 dünne Pfannkuchen ausbacken, die Pfannkuchen dabei einmal wenden.

Die Kräuter verlesen, waschen, trocken schleudern. Die Blättchen abzupfen und fein hacken. Die Ricotta mit etwas Milch glatt rühren und die gehackten Kräuter untermischen. Mit Salz, Pfeffer, Chili und geriebener Zitronenschale würzen.

Die Crespelle mit Ricotta bestreichen und aufrollen. Die Rollen diagonal in etwa 2 cm breite Streifen schneiden. Die Crespellestreifen sind ideal für Buffets oder als Vorspeise mit einem Salat. Wenn Sie mögen, können Sie zusätzlich Scheiben von geräuchertem Lachs oder gekochtem Schinken einwickeln.

Seit 1967 gibt es Pappas Gourmet-Palace in der Markthalle, mittlerweile in der zweiten Generation. Pappas, wie der Stand früher hieß, ist die Abkürzung für Papadopoulos, denn der Geschäftsgründer hatte Sorge, dass die Deutschen den schwierigen griechischen Namen nicht aussprechen könnten. Seit 2005, nach dem Tod des Vaters, führt Tochter Christina den Stand, unterstützt von ihrer Mutter, die sich eigentlich schon zur Ruhe gesetzt hat, aber dennoch fast täglich vor Ort ist. Ein typischer Familienbetrieb eben, wo alle zusammenhelfen, auch die Kusine steht hinter der Verkaufstheke. Während der Vater hauptsächlich Oliven und Schafskäse für seine Landsleute im Sortiment hatte, verkauft die Tochter heute Feinkost aus der ganzen Welt: exklusiven Kusmi-Tee, Hanfprodukte, seltene Pfefferarten, Salze aus dem Himalaja, aus Ibiza, Mallorca und Hawaii, Linsen in allen Farben, griechischen Couscous und Nudelreis, getrocknete Bohnen und Nüsse. Es gibt natives Olivenöl aus Griechenland und Frankreich, Balsamico mit Feigen und Datteln, Nussessig, Essig aus Marc de Champagne und Mango-Balsamico, der so mild ist, dass er als Aperitif getrunken werden kann. Die Regale sind gefüllt mit getrockneten Früchten und riesigen Halvas-Torten mit Schokolade; Honig, Vanille und Pistazien teilen sich die Vitrine mit verlockenden Torroneblöcken. Neben den griechischen Oliven, gefüllt mit Mandeln, Peperoni oder Frischkäse, in Knoblauch und Gewürzen eingelegt oder natur, sind heute auch spanische und französische im Angebot wie die preisgekrönten, grasgrünen Lucques aus dem Languedoc-Roussillon.

„Viele glauben, dass es Olivensorten in unterschiedlichen Farben gibt", sagt Marlene Papadopoulos. Tatsächlich wird die Farbe aber vom Reifezustand bestimmt. Die schwarzen Oliven waren auch mal grün, und die grünen werden irgendwann mal schwarz, wenn sie lange genug am Baum hängen bleiben.

In der Auslage türmen sich appetitliche Pasten aus Frischkäse mit verschiedenen Zutaten: Kräutern, Oliven, Paprika, Thunfisch. Renner ist die Schwiegermuttercreme mit Chili und Schafskäse, die tatsächlich ordentlich Schärfe aufzuweisen hat. Kochfaule Markthallenbesucher oder jene mit wenig Zeit finden hier ihr Tischleindeckdich: Mit Frischkäse gefüllte kleine Kürbisse oder Kirschpaprika, eingelegte, mit Krabbenfleisch gefüllte Kalmare, marinierte Zucchini, Auberginen, Artischocken und Champignons müssen nur noch vom Teller in den Mund geschoben werden.

Von Pappas Gourmet-Palace ist das Rezept für das Lamm-Stifado mit Kritharaki auf Seite 160.

Gambas al Ajillo

Für vier Personen

4 Knoblauchzehen

½ Bund glatte Petersilie

600 g rohe Garnelen mit Schale

4 Esslöffel Olivenöl

Fleur de Sel

**1 bis 2 getrocknete
rote Chilischoten**

150 ml trockener Weißwein

Den Knoblauch schälen und in dünne Scheiben schneiden. Die Petersilie waschen, trocken schleudern, die Blättchen abzupfen und grob hacken. Das Olivenöl stark erhitzen, die Garnelen 1 Minute stark anbraten, dabei leicht salzen. Knoblauch und die zwischen den Fingern zerbröselten Chilischoten zugeben und so lange braten, bis der Knoblauch goldgelb ist. Den Wein angießen und etwa 2 Minuten köcheln lassen, bis der Alkohol verdampft ist.

Der Clou bei dem Rezept ist der köstliche Sud aus Olivenöl, Knoblauch und Weißwein. Deshalb unbedingt genügend Weißbrot dazu servieren, mit dem Sie den Bratsud auftunken können. In Spanien werden die Garnelen meist ungeschält gebraten. Wenn Ihnen das Schälen der heißen Garnelen zu mühsam ist, können Sie sie bereits vor dem Braten schälen.

Lachstatar mit Fenchelvinaigrette

Rüdiger Stock, Fisch-Feinkost Stock

Für 4 Personen

400 g roher Lachs aus dem Mittelstück

1 Schalotte

1 Teelöffel Butter

½ cm frischer Ingwer

1 unbehandelte Zitrone

½ Teelöffel Fleur de Sel

1 kleine Fenchelknolle

1 Esslöffel Aceto balsamico bianco

1 Messerspitze Senfpulver

1 Prise Zucker

Salz, Pfeffer

3 Esslöffel mildes Olivenöl

Die Haut des Lachses abziehen. Schalotte und Ingwer schälen und in feinste Würfel schneiden, in der Butter ganz kurz glasig dünsten. Die Zitrone waschen und abtrocknen, die Schale fein reiben, den Saft auspressen. Den Lachs mit den Fingern gründlich nach Gräten absuchen, diese – falls Sie fündig werden – mit einer Pinzette entfernen. Den Fisch mit einem scharfen Messer in sehr feine Würfel schneiden, aber nicht zu Mus zerquetschen oder hacken, er soll durchaus noch Struktur und Biss haben. Mit den abgekühlten Schalotten- und Ingwerwürfeln, Zitronenschale und -saft gründlich vermischen und mit Fleur de Sel würzen.

Für die Vinaigrette den Fenchel waschen und die unschönen Stellen entfernen, das Fenchelkraut zur Seite legen. Den Fenchel halbieren und den Strunk keilförmig herausschneiden. Die einzelnen Fenchelblätter ablösen und in sehr feine Würfelchen schneiden. In eine Schüssel geben und leicht salzen. Einige Minuten stehen lassen, das Salz entzieht dem Fenchel Wasser und macht ihn weich. Essig, Senfpulver, Zucker, Salz, Pfeffer und Öl verquirlen und über die Fenchelwürfel gießen. Das Fenchelkraut fein hacken und untermischen. Die Vinaigrette auf vier Teller verteilen. Aus dem Lachstatar mit Hilfe von zwei Esslöffeln Nocken formen und auf die Vinaigrette setzen. Mit Baguette oder geröstetem Toastbrot und gesalzener Butter servieren.

Nehmen Sie den besten Lachs, den Sie sich leisten können. Einen einzigartigen Geschmack hat atlantischer Wildlachs, der leider rar und teuer ist. Eine gute Wahl sind heute auch Zuchtlachse, besonders jene aus Bio-Zucht haben eine hervorragende Qualität.

Steinpilzcarpaccio

Für 4 Personen

400 g Steinpilze

1 Zitrone

1 Knoblauchzehe

1 Messerspitze Senfpulver

100 ml Olivenöl

1 Eigelb

1 Bund Blattpetersilie

Salz, weißer Pfeffer

Die Steinpilze mit einem feuchten Tuch säubern. Die Pilze mit einem scharfen Messer in sehr dünne Scheiben schneiden und fächerförmig auf eine große Platte legen. Die Zitrone auspressen und die Pilze mit einem Drittel des Saftes beträufeln. Den Knoblauch schälen und sehr fein hacken. Die Petersilie waschen, die Blättchen abzupfen und grob hacken. Mit einem Schneebesen den Rest des Zitronensafts mit Senfpulver, Knoblauch und Eigelb gut verrühren und das Olivenöl Tropfen für Tropfen einrühren, bis eine sämige, dünnflüssige Mayonnaise entsteht. Mit Salz und Pfeffer abschmecken und die Steinpilze damit überziehen. Die Petersilie drüberstreuen und mit geröstetem Weißbrot servieren.

Marinierte Sardinen

Für vier Personen

12 mittelgroße Sardinen

Mehl zum Bestäuben

100 ml Olivenöl

Pfeffer, Salz

1 getrocknete rote Chilischote

12 Knoblauchzehen

1 Esslöffel süßes spanisches Paprikapulver

3 Lorbeerblätter

100 ml Weißweinessig

100 ml trockener Weißwein

Die Sardinen schuppen und ausnehmen, auch die Mittelgräte entfernen, die Köpfe dranlassen. Am besten, Sie lassen diese Arbeit von Ihrem Fischhändler erledigen. Die Sardinen spätestens 2 Stunden vor dem Servieren von beiden Seiten leicht mit Mehl bestäuben. Das Öl in einer Pfanne erhitzen und die Fische von beiden Seiten kurz braten, bis sie leicht gebräunt sind. Aus der Pfanne heben, abtropfen lassen und in eine hohe Auflaufform oder Porzellanschale legen. Das Öl in der Pfanne durch ein feines Sieb gießen, die Pfanne mit Papier auswischen und das Öl wieder in die Pfanne gießen.

Die Knoblauchzehen schälen und die Chilischote fein hacken. Das Öl wieder erhitzen, Knoblauchzehen, Chili und grob gemahlenen Pfeffer hineingeben und sanft braten, bis die Knoblauchzehen goldgelb sind. Die Pfanne vom Herd ziehen, Paprikapulver, Lorbeerblätter, Essig, Wein, etwas Salz und 100 ml Wasser zugeben. Die Flüssigkeit aufkochen und 1 Minute kochen lassen. Den heißen Sud über die Sardinen gießen und bei Raumtemperatur mindestens 2 Stunden marinieren lassen, besser schmecken sie, wenn sie über Nacht ziehen dürfen. Die Sardinen mit Weißbrot servieren.

frisch
eingetroffen
Sommertrüffel
100g € 4.95

Misto Bosco
con Funghi Porcini

CREMA
DOLCE
PICCANTE

Condimento
Aromatizzato
al Tartufo Bia.

Burro al Tartufo

Deutschl.
frische
Steinpilze
100g € 4.95

Steinpilze frisch
Boletus edulis
Ursprungsland:
Deutschland
Einwaage: 1.0 kg

Niklas

Qualität aus Bayern

Karotten-Sellerie-Salat mit Orange und Pinienkernen

Für vier Personen

2 mittelgroße Karotten

½ mittelgroße Sellerieknolle

½ cm Ingwer

60 g Pinienkerne

1 Orange

125 g saure Sahne

2 Esslöffel Sonnenblumenöl

1 Esslöffel Weißweinessig

1 Spritzer Zitrone

Salz, Pfeffer

Die Karotten und den Sellerie schälen. Das Gemüse auf der groben Reibe reiben und leicht salzen. Mit den Händen kurz durchkneten, bis das Gemüse beginnt Wasser zu ziehen. Den Ingwer schälen und sehr fein hacken. Die Pinienkerne in einer Pfanne ohne Öl goldbraun rösten. Für die Vinaigrette die Orange auspressen und mit der sauren Sahne, Öl, Essig, Zitronensaft, Salz, und Pfeffer verrühren. Die Sauce über den Salat geben, gut mischen und mit den Pinienkernen bestreuen.

Feldsalat mit Granatapfelvinaigrette, Bündner Fleisch und gegrillten Feigen

Für vier Personen

500 g Feldsalat

1 cm Ingwer

1 Granatapfel

4 Feigen

etwas Aceto balsamico

Olivenöl

200 g Bündner Fleisch, sehr dünn geschnitten

1 Esslöffel Feigenessig

3 Esslöffel Olivenöl

2 Tropfen Traubenkernöl

1 Teelöffel Feigensenf

Salz, Pfeffer

Den Feldsalat gründlich waschen, bis aller Sand ausgespült ist, und trocken schleudern. Den Ingwer schälen und sehr fein hacken. Den Granatapfel halbieren, aus der einen Hälfte mit einem Löffel vorsichtig die Kerne herauslösen, eventuell anhaftende Zwischenhäutchen entfernen. Aus der anderen Hälfte den Saft ausdrücken. Den Saft mit Aceto balsamico, den beiden Ölsorten, Senf und dem fein gehackten Ingwer mit dem Schneidstab kräftig pürieren. Mit Salz und Pfeffer würzen.

Die Feigen halbieren, mit etwas Aceto balsamico und Olivenöl einpinseln, leicht pfeffern und auf der Schnittseite in einer Grillpfanne etwa 4 Minuten braten.

Den Feldsalat und die Granatapfelkerne auf vier Teller verteilen, die Vinaigrette drüberträufeln. Das Bündner Fleisch und je zwei Feigenhälften darauf platzieren.

Fenchelsalat mit Orangenfilets und schwarzen Oliven

Für vier Personen

3 mittelgroße Fenchelknollen
mit schönem Grün

4 Orangen

250 g schwarze Oliven

3 Esslöffel Olivenöl

1 Esslöffel weißer Aceto
balsamico

Salz und Pfeffer

etwas Honig

Die Fenchelknollen waschen und putzen, falls sie braune Stellen haben, die äußeren Blätter entfernen. Das Fenchelgrün abschneiden und fein hacken. Den Fenchel längs halbieren und den Strunk entfernen. Die Fenchelhälften in feine Scheiben schneiden und auf eine große Platte legen.

Von den Orangen oben und unten einen Deckel abschneiden und die Früchte auf die Schnittfläche stellen. Die Schale am Fruchtfleisch entlang großzügig abschneiden, dabei auch die weiße Haut entfernen. Die Filets mit einem scharfen Messer zwischen den Trennhäuten herausschneiden, den Saft dabei auffangen. Die Orangenfilets auf die Fenchelscheiben legen.

Den aufgefangenen Orangensaft mit Olivenöl, Aceto balsamico, Salz und Pfeffer verquirlen. Etwas Honig, abhängig vom Säuregehalt der Orangen, unterrühren. Die Vinaigrette über den Fenchel und die Orangenfilets träufeln und 30 Minuten im Kühlschrank marinieren.

In der Zwischenzeit die Oliven in feinen Streifchen vom Kern schneiden. Den Salat vor dem Servieren mit Olivenstreifen und Fenchelgrün bestreuen.

Mesclun-Salat mit dicken Bohnen und Comté

Alain Permezel, Französische Spezialitäten

Für vier Personen

1,5 kg grüne Bohnen, auch Saubohnen oder Fave genannt

100 g Mesclun-Salat aus Kerbel, Rucola, zartem Kopfsalat und Portulak

1 Bund wilder Rucola

3 Zweige Bohnenkraut

½ Bund glatte Petersilie

1 Esslöffel sehr guter Weißweinessig

1 Teelöffel mittelscharfer Senf

5 Esslöffel Olivenöl

150 g Rohmilch-Comté; mindestes 24, besser 48 Monate gereift

Salz, Pfeffer

Die Bohnenkerne aus den Schalen palen und in reichlich Salzwasser 3 Minuten kochen lassen. Die Kerne abgießen und mit kaltem Wasser abschrecken. Die Bohnenkerne aus ihren ledrigen Häutchen drücken. Das macht zwar etwas Arbeit, verdoppelt aber den Genuss. Den Salat und die Kräuter verlesen, waschen und trocken schleudern. Die Kräuterblättchen abzupfen. 1 Esslöffel Bohnenkerne mit 2 Esslöffeln Wasser, Essig, Senf, Salz, Pfeffer und den Kräutern mit dem Stabmixer pürieren. Das Öl dazugießen und untermischen, bis eine sämige Sauce entsteht. Mit Salz und Pfeffer würzen. Den Salat auf Teller verteilen, die Bohnen darauf geben und mit der Sauce beträufeln. Den Comté in kleine Stücke brechen und drüberstreuen.

In Frankreich und Italien gelten die zarten Kerne der dicken Bohne als Delikatesse und heißen Flageolets bzw. Fave – bei uns nennt man sie weniger elegant auch Saubohne, Ackerbohne, Pferdebohne oder Puffbohne. Ihre Saison ist kurz. Im einheimischen Freilandanbau kann man sie von Juni bis Ende August, maximal Anfang September ernten, Importe aus den Mittelmeerländern gibt es schon früher. Leider findet man die Hülsenfrucht selten auf deutschen Märkten und in Gemüseläden. Wahrscheinlich macht das Abschälen der ledrigen Innenhaut zu viel Mühe, dabei geht es wirklich einfach, die Bohnen flutschen wie von selbst aus ihren Häutchen. Wolfram Siebeck findet die Bohnen so sensationell, dass er sie mit Hummer und Jacobsmuscheln serviert. Er sollte unbedingt Alain Permezels Rezept mit altem Comté probieren. Die zarten Bohnen zusammen mit dem nussigen Käse schmecken einfach umwerfend.

Seit April 2004 verkauft Alain Permezel französische Spezialitäten am gleichnamigen Stand. Dessen Besitzer, der Geflügelhändler Gunther Ludwig, hatte mit der Anstellung von Alain Permezel ein überaus glückliches Händchen. Alain, wie er von seinen Kunden genannt wird, wurde im südfranzösischen Nimes geboren und kam als Hotel- und Gastronomiefachmann in ganz Frankreich herum. Auf seinen vielen Stationen eignete er sich eine exzellente Kenntnis regionaler Spezialitäten an, was ihm, nach eigener Aussage, als leidenschaftlicher Schnabulierer überhaupt nicht schwer fiel. Während die meisten Feinkosthändler französische Terrinen und Pasteten aus dem Elsass beziehen, kauft Alain Permezel auch in anderen, unbekannteren Regionen. Aus der Bretagne kommen zum Beispiel Ty Nevez, ein großer Schinken, der im Ganzen im Ofen gebraten wird, Ochsenfleischterrine mit Meerrettich, Hasenterrine und Perlhuhnterrine mit Aprikosen. Man findet bei ihm Jambon Persillé aus der Bourgogne, Rillette von der Gans aus Sarthe, gesalzene Butter aus der Normandie und schneeweiße Ziegenbutter von der Loire.

Sein Herz aber gehört dem Käse. 200 unterschiedliche Rohmilchkäse in perfektem Reifezustand hat er im Angebot. Den bezieht er von zwei Affineuren. Der eine, Philipp Olivier aus Boulogne-sur-mer, ist Patron der Guilde des Fromagers-affineurs, der französischen Käsegilde, und seit 1996 „Meilleur Fromager de France". Eine Position, die von manchen Franzosen höher geschätzt wird als die des Staatspräsidenten. Herausragend ist der Comté in drei verschiedenen Reifungen. 18, 24 oder – eine absolute Rarität – 48 Monate liegen die Käselaibe im Keller, bevor sie, fruchtig bis nussig schmeckend, in den Verkauf kommen. Intensiv orangefarbener Mimolette, ein Hartkäse aus der Normandie, hat eine fast bröckelige Konsistenz und einen haselnussartigen, leicht erdigen Geschmack. Kleine Crottins aus Ziegenmilch gibt es in fünf Reifestadien, wobei die frischen sich ausgezeichnet zum Gratinieren eignen und mit Lavendelblütenhonig auf einem Salatbett eine köstliche Vorspeise ergeben. Ebenfalls von der Ziege: Milder Rocamadour und sehr kräftiger Banon im Kastanienblatt. Von der Kuh stammt der ockerfarbene Bleu de Gex aus dem Jura mit bläulichen Schimmeladern – dazu empfiehlt Alain „Vin de Paille", einen Süßwein aus der Region Arbois, einem kleinen Anbaugebiet im Jura.

Von Herbst bis Ende Januar bietet er eine selbstkreierte Spezialität an, die sich zum heimlichen Bestseller entwickelt hat: Mit weißer Périgordtrüffel gefüllter Brie de Meaux. Der Käselaib wird horizontal aufgeschnitten und mit gehackter Trüffel gefüllt, die vorher in Sahne marinieren durfte. Ebenfalls eine winterliche Spezialität ist der Vacherin Mont d'or, den man einfach so essen kann oder aber in seinem Holzkästchen im Ofen erwärmt, um die warme Käsecreme anschließend heraus zu löffeln, dazu gibt es Weißbrot oder Pellkartoffeln. Auch für das exzellente provenzalische Olivenöl aus Le Beaux und viele andere Delikatessen findet sich erstaunlicherweise ein Platz an dem kleinen Stand. Merci Alain.

Von Alain Permezel sind die Rezepte „Mesclun-Salat mit dicken Bohnen und Comté" auf Seite 47 und „Bruschette mit Kürbis-Chutney und Bleu d'Auvergne" auf Seite 31.

Zuckerhutsalat mit Gorgonzola

Dagmar Ragoßnig, Ragoßnig Obst Gemüse Südfrüchte

Für vier Personen

1 kleiner Zuckerhut, ca. 500 g

1 Birne

50 g Walnusskerne

100 g Gorgonzola dolce

1 Teelöffel mittelscharfer Senf

2 Esslöffel weißer Balsamico

2 Teelöffel Honig

Salz, Pfeffer

100 g Crème fraîche

100 ml Sahne

Die äußeren Blätter des Zuckerhuts entfernen, die inneren Blätter ablösen, waschen, trocken tupfen und in schmale Streifen schneiden. Die Birne schälen, vierteln, das Kerngehäuse entfernen und das Fruchtfleisch in möglichst gleich große Würfelchen schneiden. Die Walnüsse grob hacken, den Gorgonzola würfeln. Die Hälfte der Nüsse und des Käses zu den übrigen Salatzutaten geben. Für die Vinaigrette Senf, Essig, Honig und Salz kräftig verquirlen. Die Crème fraîche mit der Sahne glatt rühren und mit der Sauce mischen. Die Salatstreifen und die übrigen Zutaten – einige Nüsse und Käsewürfel beiseite legen – mit der Vinaigrette vermischen. Die restlichen Nüsse und den übrigen Käse über den Salat streuen und mit etwas frisch gemahlenem Pfeffer servieren. Anstelle von Birne und Gorgonzola passen kleingeschnittene Clementinenfilets sehr gut zum Zuckerhut.

Der Zuckerhut verdankt seinen Namen nicht seinem Geschmack, der ist eher bitter als süß, sondern seinem originellen, tütenförmigen Wuchs mit bis zu zwei Kilogramm schweren und 40 Zentimeter hohen, hellgrünen Köpfen. Ende Oktober wird der Wintersalat erntereif und dank seiner guten Lagerfähigkeit hält er sich im Kühlhaus bis Februar. Zuckerhut schmeckt roh als Salat, am besten mit einer süßen Zutat wie Birnen oder Orangenfilets kombiniert, und gedünstet als Gemüse. Wer es weniger bitter mag, wäscht die Blätter kurz in lauwarmem Wasser.

Mangosalat mit Minze

Gaby und Michael Mayer, Früchte Mayer

Für sechs Personen

3 reife Mangos

2 Stangen Staudensellerie

3 Frühlingszwiebeln

1 rote Chilischote

1 cm frischer Ingwer

2 Zweige Minze

2 Limetten

½ Grapefruit

1 Teelöffel thailändische Fischsauce

½ Teelöffel Sojasauce

schwarzer Pfeffer

Fleur de Sel

2 Esslöffel Walnussöl

Die Mangos schälen und das Fruchtfleisch in großen Stücken vom Kern schneiden. Die Stücke in ½ cm dicke, möglichst gleich große Scheiben schneiden.

Die Selleriestangen waschen, putzen in kleine Würfel schneiden. Die Frühlingszwiebeln waschen und putzen, die weißen und hellgrünen Teile in dünne Röllchen schneiden. Die Chilischote längs halbieren, Trennwände und Kerne entfernen, das Fruchtfleisch fein würfeln. Den Ingwer schälen und fein hacken. Die Minze waschen, trocken tupfen und die Blätter in feine Streifen schneiden. Alle Zutaten mischen und auf einer großen Platte anrichten.

Die Limetten und die Grapefruit auspressen. Den Saft mit Fischsauce, Sojasauce, schwarzem Pfeffer, etwas Fleur de Sel und Walnussöl verrühren und über den Mangosalat träufeln. Vor dem Servieren kurz marinieren lassen. Der Salat ist ein raffinierter Auftakt für ein Menü, passt aber auch perfekt als Beilage zu rosa gebratener Entenbrust.

Eine ist schöner als die andere und schon von weitem riecht man ihren aromatisch-süßen Duft. Die Auswahl an exotischen Früchten am Stand von Gaby und Michael Mayer ist beeindruckend. Sie bieten zwar auch das übliche Gemüsesortiment an und dank des Bruders von Gaby Mayer, der auf seinem Obsthof 500 Kürbissorten anbaut, können sie jeden noch so ausgefallenen Kürbis besorgen. Aber ihre Leidenschaft gehört dem tropischen Obst.

Aufgrund der großen Fortschritte in der Kultivierung und der verbesserten Lager- und Transportbedingungen sind exotische Früchte heute immer verfügbar. Was früher Luxus für wenige war, ist heute für viele selbstverständlich geworden. Damit die Begeisterung über das Aussehen der Exoten beim Essen nicht in Ernüchterung umschlägt, muss man auf die Erfahrung und das geschulte Auge der Profis vertrauen. Die Ware in Discountern und Supermärkten ist zwar oft preiswerter als die in der Markthalle, dafür ist die Gefahr strohiges und fade schmeckendes Obst zu erwischen groß. Das hat einen ganz simplen Grund: Die Großhandelsketten kaufen die meisten Sorten wegen der langen Transportzeit unreif ein, und im deutschen Klima hat das Tropenobst keine Chance optimal nachzureifen. Michael Mayer erklärt das Problem am Beispiel der Mango. Die „Königin der

Exoten" erfreut sich nach wie vor größter Beliebtheit. Weil die ursprünglich aus Indien stammende Frucht inzwischen fast überall in der Welt angebaut wird, sind Mangos das ganze Jahr über verfügbar. Sie kommen aus Brasilien, Costa Rica, Peru, Pakistan, Indien, Thailand, Südafrika und Israel zu uns. Sie können eine Aromabombe sein, mit zuckersüßem, faserfreiem Fruchtfleisch. Genauso gut können sie wässrig, hart und faserig sein. Die einen werden reif gepflückt und kommen per Flugzeug nach Deutschland, die anderen werden grün geerntet und reisen im Schiff an. Gaby und Michael Mayer verkaufen ausschließlich Flugmangos, deshalb kostet eine Frucht ab fünf Euro aufwärts. Aber die Investition lohnt sich.

Seit 2006 sind Gaby und Michael Mayer in der Markthalle. Und weil zuhause ihr siebenjähriger Sohn versorgt sein will, geht das nur mit perfektem Zeitmanagement. Woher Gaby Mayer dann noch die Zeit nimmt, um ihre wunderbaren Marmeladen und Chutneys einzukochen, bleibt ihr großes Geheimnis.

Rotkohlsalat mit Datteln und Rehschinken

Für sechs Personen

½ mittelgroßer Kopf Rotkohl

6 Esslöffel Dattelessig

4 Schalotten

1 Apfel

125 g Datteln

2 Esslöffel Walnussöl

6 Esslöffel Olivenöl

1 Messerspitze gemahlener Kümmel

Salz, Pfeffer

300 g Rehschinken, hauchdünn geschnitten

Den Rotkohl von welken und unschönen Blättern befreien, vierteln, den Strunk herausschneiden und quer in sehr feine Streifen schneiden. Einen großen Topf mit Wasser aufsetzen, zum Kochen bringen und den Kohl hineingeben. Sobald das Wasser erneut zu kochen beginnt, die Kohlstreifen mit einem Schaumlöffel herausnehmen und mit kaltem Wasser abschrecken. Den Kohl gut abtropfen lassen, leicht salzen, mit dem Dattelessig mischen und ziehen lassen.

Die Schalotten schälen und in feine Streifen schneiden. Den Apfel schälen, vierteln und das Kerngehäuse entfernen. Die Viertel in Scheiben und diese in feine Streifen schneiden. Die Datteln halbieren, den Kern entfernen und das Fruchtfleisch in Streifen schneiden. Datteln, Äpfel, Zwiebeln und die beiden Ölsorten mit dem Rotkohl vermengen und mit Kümmel, Salz und Pfeffer würzen. Den Salat vor dem Servieren ½ Stunde ziehen lassen. Mit Rehschinken und Walnussbrot servieren.

Schwarzwälder Spargelsalat

Bernd Walker, Obst, Gemüse, exotische Früchte

Für vier Personen

1 kg weißer Spargel

1 Teelöffel Salz

20 g Butter

¼ Zitrone

1 gute Prise Zucker

120 g Schwarzwälder Schinken in Scheiben

3 Esslöffel weißer Balsamico-Essig

3 Esslöffel Walnussnöl

5 Esslöffel Rapsöl

1 Esslöffel kräftiger Gemüsefond

1 Teelöffel Akazienhonig

Salz, Pfeffer

1 Bund Schnittlauch

Für die Vinaigrette Essig, die beiden Ölsorten, Honig, Salz und Pfeffer zu einer sämigen Sauce verrühren.

Den Spargel waschen und schälen, das holzige Ende abschneiden. In einem großen Topf 3 l Wasser zum Kochen bringen, Salz, Butter, Zucker und Zitrone dazugeben. Den Spargel hineingeben und etwa 10 Minuten kochen lassen, mit einem Schaumlöffel herausheben und mit kalten Wasser abschrecken. Die Stangen in gleichmäßig große Stücke schneiden, mit der Vinaigrette begießen und vorsichtig mischen. Die Schinkenscheiben in Streifen schneiden und unter den Salat mischen.

Den Schnittlauch waschen, in Röllchen schneiden und den Spargelsalat damit bestreuen.

Rote-Bete-Salat mit Äpfeln und Walnüssen

Für vier Personen

4 mittelgroße Rote Beten

8 Esslöffel grobes Meersalz

4 Sternanis

1 Esslöffel Korianderkörner

Pfeffer

50 g Walnusskerne

1 Esslöffel Kastanienhonig

50 g Feldsalat

2 Äpfel

frischer Meerrettich

3 Esslöffel Weißweinessig
oder Sherryessig

6 Esslöffel Olivenöl

1 Esslöffel Walnussöl

1 Esslöffel mittelscharfer Senf

Salz und Pfeffer

Alufolie

Die Rote Beten waschen, den Stiel- und Wurzelansatz kürzen, aber die Knolle nicht verletzen. Jede Knolle mit 2 Esslöffeln Meersalz, 1 Sternanis, ¼ der Korianderkörner und Pfeffer in ein Stück Alufolie wickeln. Die Päckchen auf einem Backblech in 1 ½ Stunden im Backofen garen. Eine Knolle aus der Folie wickeln, mit einem spitzen Messer kontrollieren, ob sie vollständig weich ist, gegebenenfalls die Rote Beten noch etwas länger im Ofen lassen. Die fertig gegarten Rote Beten auskühlen lassen, dann die Haut mit einem kleinen Messer abziehen und die Knollen in Achtel schneiden.

Inzwischen für die Vinaigrette Essig, die beiden Ölsorten, Senf, Salz und Pfeffer zu einer sämigen Sauce verrühren. Die Rote-Beten-Achtel in der Hälfte der Vinaigrette marinieren.

Die Walnüsse mit dem Honig in eine kleine Pfanne geben und unter ständigem Rühren erhitzen, bis der Honig anfängt zu karamellisieren. Der Honig sollte dünnflüssig sein und beim Kochen kleine Blasen werfen. Das dauert etwa 2 Minuten. Die Nüsse auf ein leicht geöltes Backpapier geben und mit zwei Holzlöffeln auseinander ziehen.

Den Feldsalat putzen, waschen und trocken schleudern. Den Apfel schälen, vierteln und die Viertel in dünne Scheiben schneiden. Den Feldsalat auf vier Teller verteilen, Rote Bete, Äpfel und Walnüsse darauf verteilen, die restliche Vinaigrette drüberträufeln mit frisch geriebenem Meerrettich bestreuen.

Rote Beten in der Alufolie oder in einer Kruste aus grobem Meersalz gegart behalten ihr wunderbar erdiges Aroma und ihre unwiderstehliche Süße. Werden sie gekocht, bleibt viel von ihrem Geschmack im Kochwasser.

Achtung: Rote Bete färbt sehr stark. Am besten arbeiten Sie mit Handschuhen oder beheben den Schaden später mit Zitronensaft.

Salat aus lauwarmem Gemüse mit paniertem Ziegenkäse

Für vier Personen

1 Bund grüner Spargel, möglichst dünne Stangen

2 kleine Zucchini

je 1 grüne, gelbe und rote Paprika

4 aromatische Tomaten

4 Knoblauchzehen

3 Zweige Rosmarin

3 Zweige Thymian

10 Esslöffel Olivenöl

4 Esslöffel Aceto balsamico

Salz, Pfeffer

1 Ei

Salz

50 g Mehl

100 g frisch geriebene Semmelbrösel

4 frische Ziegenkäse à 60 g, z. B. Rocamadour oder jungen Crottin de Chavignol

4 Esslöffel Olivenöl

Den Backofen auf 200 Grad vorheizen.

Den Spargel waschen und das holzige Ende abschneiden. Die Zucchini waschen und in 3 cm große Würfel schneiden. Die Paprika waschen, längs halbieren, Kerne und Trennwände entfernen und das Fruchtfleisch in 3 cm große Stücke schneiden. Die Knoblauchzehen schälen und halbieren.

Das Gemüse in eine Auflaufform legen. Die Knoblauchzehen darauf verteilen und die Rosmarin- und Thymianzweige dazwischen stecken. Das Olivenöl drüberträufeln. Das Gemüse im heißen Backofen 25 Minuten garen.

Die Tomaten waschen und achteln, den Stielansatz herausschneiden und in den letzten 10 Minuten zum Ofengemüse geben. Das Gemüse aus dem Ofen holen, den Aceto balsamico untermischen. Mit Salz und Pfeffer würzen und abkühlen lassen.

In der Zwischenzeit das Ei in einem flachen Teller mit einer Gabel verquirlen und leicht salzen. Das Mehl und die Semmelbrösel auf 2 flache Teller verteilen. Die Ziegenkäse zuerst im Mehl, danach im Ei wenden. Gut abtropfen lassen und von beiden Seiten in die Semmelbrösel drücken. Das Öl in einer Pfanne erhitzen und die panierten Käse auf beiden Seiten goldbraun ausbacken. Den Gemüsesalat auf vier Teller verteilen und jeweils einen Ziegenkäse darauf anrichten. Wer es noch raffinierter mag, krönt den Käse mit einem Teelöffel Fruchtsenf oder Aprikosenchutney.

Kartoffelsalat aus Vitelotte und Bamberger Hörnchen

Christina Burkhardt, Zum Fruchtkorb

Für vier Personen

500 g Vitelotte-Kartoffeln

500 g Bamberger Hörnchen

1 Schalotte

5 Esslöffel fruchtiges Olivenöl

2 Esslöffel Weinessig

1 Esslöffel milder Senf

Salz, Pfeffer, Zucker, Muskatnuss

200 ml Fleisch- oder Gemüsebrühe

Die beiden Kartoffelsorten getrennt in Salzwasser in der Schale garen.

Die Schalotte in feine Würfel schneiden und in 1 Esslöffel Öl glasig dünsten. Mit dem restlichen Öl, Essig, Senf, Salz, Pfeffer, einem Hauch Muskatnuss und einer Prise Zucker zu einer Vinaigrette verrühren. Die Brühe erhitzen. Die Kartoffeln schälen, noch warm in gleichmäßige Scheiben schneiden und mit der Hälfte der warmen Brühe begießen. Die Vinaigrette dazugeben und gründlich, aber vorsichtig vermengen, die Kartoffelscheiben nicht zermanschen. Wenn die Kartoffeln die Brühe aufgesaugt haben und trocken wirken, weitere Brühe angießen. Der Kartoffelsalat soll feucht glänzend aussehen. 1 Stunde ziehen lassen und noch einmal mit Salz, Pfeffer und eventuell etwas Brühe abschmecken.

Die Vitelotte, auch Trüffelkartoffel oder Blaue Kartoffel, ist eine alte, französische Kartoffelsorte mit länglich-ovalen, eher kleinen Knollen und dunkel-violetter, dicker Schale. Im rohen Zustand ist ihr Fleisch violett-blau mit weißer Marmorierung, nach dem Kochen ist es einheitlich violett-blau. Der süßlich feine Geschmack und ihr Biss ähneln dem von Maronen.

Das Bamberger Hörnchen ist eine noble, fränkische Kartoffelsorte. Die Knollen sind klein, gekrümmt wie gichtige Finger und knubbelig. Ihr Fleisch ist sattgelb, hat eine leicht „speckige", festkochende Konsistenz und ihr Aroma ist leicht nussig. Da der Anbau aufwendig und der Ertrag eher gering ist, wurde das echte Bamberger Hörnla immer häufiger ersetzt durch die ihm ähnliche, aber ertragreichere französische „La Ratte". Glücklicherweise kam die Rückbesinnung auf traditionelle Lebensmittel gerade rechtzeitig, um die Hörnla vor dem Aussterben zu bewahren.

Salat aus Belugalinsen mit Flusskrebsen

Nisar und Waltraud Ahmad, Asiamarket

Für vier Personen

1 Bund grüner Spargel

150 g schwarze Belugalinsen

1 Fleischtomate

1 Schalotte

2 Stiele Basilikum

150 gegarte Flusskrebs-schwänze

1 Stück Ingwer, etwa 2 cm

1 Chilischote

3 Esslöffel Champagneressig

6 Esslöffel Olivenöl

1 Esslöffel Walnussöl

Salz, Pfeffer, Zucker

Für die Vinaigrette den Ingwer schälen und sehr fein hacken. Die Chilischote längs halbieren, die Kerne und die Trennwände entfernen und das Fruchtfleisch in winzige Würfelchen schneiden. Essig, die beiden Ölsorten, Salz, Pfeffer und eine Prise Zucker mit dem Schneebesen verquirlen. Ingwer und Chili untermischen. Die Flusskrebsschwänze in 2 Esslöffeln Vinaigrette marinieren.

Die Linsen in ein Sieb geben, abbrausen, bis das Wasser klar ist, und in reichlich Wasser 20 bis 30 Minuten kochen. Immer wieder probieren, ob die Linsen gar sind, sie sollten noch etwas Biss haben. Abschütten und abtropfen lassen. Die Tomate überbrühen, häuten, die Kerne herauskratzen und das Fruchtfleisch in sehr kleine Würfel schneiden. Die Schalotte schälen und in kleine Würfelchen schneiden. Das Basilikum waschen, trocken tupfen und die Blätter in Streifen schneiden. Die Linsen mit der Vinaigrette vermischen. Die Tomaten- und Schalottenwürfel unterheben. Den Linsensalat auf Teller verteilen, die Flusskrebsschwänze darauf verteilen und mit Basilikum bestreuen.

Belugalinsen kommen ursprünglich aus Nordamerika und werden auch heute noch überwiegend dort angebaut. Sie sind nach dem berühmten Kaviar benannt, weil sie wie er klein, schwarz und glänzend aussehen. Ihr feines Aroma erinnert an Maronen. Sie zerfallen beim Kochen nicht so leicht wie andere Linsensorten und eignen sich deshalb ideal für Salat oder als Gemüse.

Seit 130 Jahren gibt es Gustav Breyers Echte Braunschweiger und Thüringer Wurstspezialitäten in Stuttgart. 1970 hat Horst Treuter die Geschäfte übernommen und seit dieser Zeit steht er, die Ruhe in Person, an seinem Stand in der Markthalle, der zwar modernisiert und vergrößert wurde, aber immer an derselben Stelle blieb. Und weil der Metzgermeister Horst Treuter ein Urschwabe und ein Mann der Traditionen ist, gibt es bei ihm auch kein Chichi, sondern die bewährten und beliebten Klassiker in allerbester Güte. Da liegt das Who's who der feinsten deutschen Rohschinken – Schwarzwälder Schinken, Westfälischer Knochenschinken, Thüringer Landschinken und Holsteiner Katenschinken – neben Spezialitäten wie Schlesischer Wellwurst und Pfälzer Saumagen, Bregenwurst und frischem Hackepeter. Wegen der Ammerländer Kochmettwürste oder Pinkel aus Oldenburg – Würste, die in Niedersachsen zum Grünkohl gegessen werden – kommen die Menschen aus der ganzen Region.

Schwäbischer Wurstsalat

Horst Treuter, Gustav Breyers Echte Braunschweiger und Thüringer Wurstspezialitäten

Für vier Personen

300 g Lyoner Fleischwurst

300 g Schwarzwurst

5 kleine Gewürzgurken

2 Zwiebeln

Salz, Pfeffer

1 Teelöffel Zucker

1 Esslöffel mittelscharfer Senf

4 Esslöffel Weißwein- oder Apfelessig

4 Esslöffel Gemüsebrühe

4 Esslöffel Sonnenblumenöl

1 Bund Schnittlauch

Die Lyoner und die Schwarzwurst enthäuten, die Zwiebeln schälen. Die Wurst, die Zwiebeln und die Gewürzgurken in dünne Scheiben schneiden. Alles in eine große Schüssel füllen.

Salz, Pfeffer, Zucker und Senf mit dem Essig und der Gemüsebrühe verrühren. Das Öl hineinlaufen lassen und mit dem Schneebesen zu einer sämigen Sauce schlagen. Die Vinaigrette über die Wurst gießen und alles gut vermischen. Den Wurstsalat mindestens 2 Stunden im Kühlschrank ziehen lassen. Rechtzeitig vor dem Servieren aus dem Kühlschrank nehmen, damit der Salat Zimmertemperatur bekommt. Den Schnittlauch waschen, trocken tupfen, in Röllchen schneiden und über den Wurstsalat streuen. Dazu schmecken Schwarzbrot oder Bratkartoffeln und ein guter Trollinger oder ein kühles Bier.

Schwarzwurst oder auch Stuttgarter Schwarze ist eine schwäbische Blutwurstspezialität. Horst Treuter stellt sie aus Schweinegrieben, Blut und Schwartenbrei her. Die genaue Gewürzmischung verrät er nicht, aber weißer Pfeffer, Nelken, Piment, Muskat, Majoran und Zwiebeln sind auf alle Fälle dabei. Sämtliche Zutaten werden gekocht, zerkleinert, vermengt und in Naturdärme abgefüllt. Anschließend garen die Würste bei etwa 80 Grad für etwa eine Stunde und werden entweder frisch gegessen oder am nächsten Tag kalt geräuchert.

Käsesalat mit Weintrauben und Nüssen

Volker Scheef, Käse-Scheef und Käs-Maier

Für vier Personen

je 100 g blaue und grüne Weintrauben

2 Stangen Staudensellerie

Salz

250 g Gruyère-Käse

1 Orange

3 Esslöffel Sherryessig

2 Esslöffel Crème fraîche

5 Esslöffel Walnuss- oder Haselnussöl

Salz, Pfeffer

Cayennepfeffer

Worcestershire Sauce

50 g gehackte Haselnusskerne

1 Bund Brunnenkresse

Die Trauben waschen, halbieren und entkernen. Staudensellerie putzen und in dünne Scheiben schneiden. Den Käse in dünne, 3 cm lange Stifte schneiden. Von den Orangen oben und unten einen Deckel abschneiden und die Früchte auf die Schnittfläche stellen. Die Schale am Fruchtfleisch entlang großzügig abschneiden, dabei auch die weiße Haut entfernen. Die Filets mit einem scharfen Messer zwischen den Trennhäuten herausschneiden, den Saft dabei auffangen.

6 Esslöffel Orangensaft, Essig, Crème fraîche, Öl, etwas Salz, Pfeffer, Cayennepfeffer und einige Spritzer Worcestershire Sauce gut verquirlen. Käse, Trauben, Orangenfilets und Sellerie vorsichtig unterheben und 1 Stunde ziehen lassen.

Die Haselnüsse in der Pfanne ohne Fett anrösten. Die Kresse waschen und verlesen, trocken schleudern und auf Teller verteilen. Den Käsesalat abschmecken und eventuell nachwürzen, auf der Kresse anrichten und mit den Nüssen bestreuen.

Bei Käse Scheef werden seit den siebziger Jahren Milch- und Käseprodukte verkauft. Die Idee, sich im Käsegeschäft zu versuchen, hatte Scheef Senior, weil er damals in seinem erlernten Beruf nicht mehr vorankam. Der Verkauf von Käse auf Wochenmärkten lief dagegen von Anfang an erfolgreich, und als kurze Zeit später ein Stand in der Markthalle frei wurde, griff er zu. Genau wie 20 Jahre später, als der zweite Käsestand in der Markthalle, Käs-Maier, zu verkaufen war. Volker Scheef hatte damals seine Banklehre abgeschlossen und begonnen Betriebswirtschaft zu studieren. Weil seine Eltern immer wieder Personalengpässe hatten – gute Leute waren damals schwer zu finden –, half er an den Marktständen aus, bis ihm das Hin und Her zwischen Uni und Markthalle zu viel wurde und er ganz ins Geschäft einstieg. Heute sind seine Eltern in Rente und er führt die beiden Stände allein. „Das Käsesortiment", erzählt er, „hat sich gegenüber den Anfängen gewaltig verändert. Die meisten Kunden von heute sind weltläufig und haben auf ihren Reisen neue Sorten probiert, die sie auch zuhause kaufen möchten." In der Anfangszeit gab es vor allem Emmentaler, Limburger, Tilsiter und als Gipfel der Genüsse den französischen Valmeuse. Heute kann der verwöhnte Kunde unter mehreren Hundert Sorten wählen. Auffallend ist, dass immer häufiger Rohmilchkäse verlangt wird.

Freiburger Vacherin
Schweizer Schnittkäse
45% Fett i.Tr. 100g 2,40

Appenzeller extra-würzig
50% Fett i. Tr.
aus Rohmilch
100g 2,30

Morbier
mit Aschestreifen
45% Fett i.Tr.
aus Rohmilch
100g 1,65

Gruyère Premier cru
höhlengereift
Schweizer Hartkäse
45% Fett i.Tr. 2,40

Gouda jung
Holl. Schnittkäse
48% Fett i.Tr.
100g 0,90

Schweizer Gruyère réserve
aus Rohmilch
45% Fett i. Tr.
100g 2,15

Appenzeller
mild-würzig
50% Fett i.Tr.
aus Rohmilch
100g 1,80

Appenzeller
Schnittkäse
Fett i. Tr.
2,10

Weil die Milch für den Rohmilchkäse nicht erhitzt, sondern unbehandelt verarbeitet wird, bleiben die Bakterienkulturen erhalten. Die sind für die Reifung des Käses und für das Aroma zuständig. Für die meisten Franzosen ist pasteurisierter Käse ein Frevel. Wenn die Bakterien tot sind, ist der Käse auch tot, heißt es in Frankreich. Aber Rohmilch allein macht noch keinen guten Käse, genauso wichtig ist die Qualität der Milch. Wenn die Kühe das ganze Jahr im Stall stehen und Silofutter fressen, kann der Bauer aus der Milch zwar Rohmilchkäse machen, der schmeckt dann aber nach nichts. Guter Käse braucht Milch von glücklichen Kühen, die auf ungedüngten Almwiesen stehen und frisches Gras und Kräuter fressen. Auch die Temperatur des Käses spielt eine entscheidende Rolle. Damit ein Rohmilchkäse sein Aroma richtig entfalten kann, muss er rechtzeitig vor dem Essen aus dem Kühlschrank genommen werden. Neben Frankreich ist die Schweiz Volker Scheefs wichtigster Käselieferant, gefolgt von Italien, Spanien, Dänemark und Deutschland. Eine selten zu findende einheimische Delikatesse ist der Weißlacker, ein bayerischer Bierkäse mit kräftigem, sehr salzigem Geschmack und einem durchdringenden Duft. Er ist der einzige authentische Allgäuer Käse und wird nur noch von einem Hersteller produziert. Klassisch isst man ihn mit Butterbrot, Radieschen, Zwiebeln, Essig und Öl, außerdem ist er ideal für Allgäuer Kässpatzen. Volker Scheefs Lieblingsgerichte mit Käse sind Raclette oder Fondue. Diese Vorliebe wird von vielen seiner Kunden geteilt. Im Winter, speziell um Weihnachten und Silvester, werden am Stand große Mengen Käse gerieben. Am Beliebtesten ist das Fondue „moitié-moitié" (halb-halb), je zur Hälfte aus Greyerzer und Vacherin. Im Sommer ist nach wie vor Mozzarella, heutzutage bevorzugt aus Büffelmilch, für viele das Nonplusultra.

Voker Scheef gab uns die Rezepte für den „Käsesalat mit Weintrauben und Nüssen" auf Seite 60 und die „Pizzoccheri" auf Seite 101.

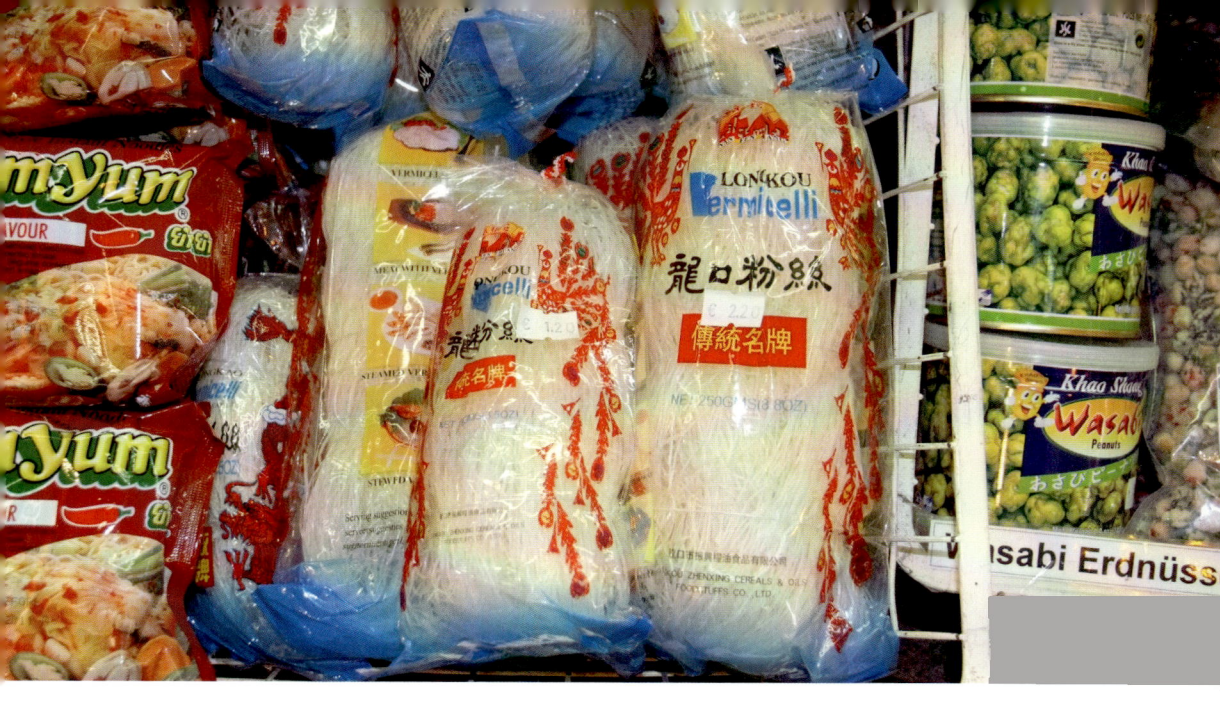

Glasnudelsalat mit Huhn und Erdnüssen

Für vier Personen

150 g Glasnudeln

1 Bund Frühlingszwiebeln

1 rote Paprika

1 Chilischote

2 cm frischer Ingwer

50 g ungeröstete, ungesalzene Erdnüsse

1 Esslöffel Erdnussöl

1 Bund Koriander

200 g Hähnchenbrustfilet

2 Esslöffel Sesamöl

2 Esslöffel thailändische Fischsauce

1 Esslöffel helle Sojasauce

1 Esslöffel Reisessig

1 Esslöffel Sesamöl

2 Esslöffel süß-scharfe Chilisauce

Saft von ½ Limette

Glasnudeln 10 Minuten in heißem Wasser einweichen, in einem Sieb abtropfen lassen und mit einer Schere etwas zerkleinern. Die Frühlingszwiebeln waschen, putzen und in dünne Scheiben schneiden. Die Paprika und die Chilischote waschen, längs halbieren, Kerne und Trennwände entfernen. Die Paprika in feine Würfel, die Chilischote in Streifchen schneiden. Den Ingwer schälen und fein hacken. Die Erdnüsse in einer Pfanne im heißen Erdnussöl 5 Minuten rösten, salzen und abkühlen lassen. Anschließend mit einem schweren Messer grob hacken. Den Koriander waschen, trocken schleudern, die Blättchen abzupfen und grob hacken.

Das Hähnchenbrustfilet längs halbieren und in feine Streifen schneiden.

1 Esslöffel Sesamöl in einer Pfanne erhitzen, die Hähnchenstreifen unter ständigem Rühren goldgelb braten, salzen, den Ingwer zugeben und 1 Minute mitbraten. Das Huhn mit Frühlingszwiebeln, Paprika, Chilischote, Koriander und Glasnudeln mischen. Fischsauce, Sojasauce, Reisessig, Sesamöl, Chilisauce und Limettensaft verrühren und unter den Salat heben. Mit den gehackten Erdnüssen bestreuen.

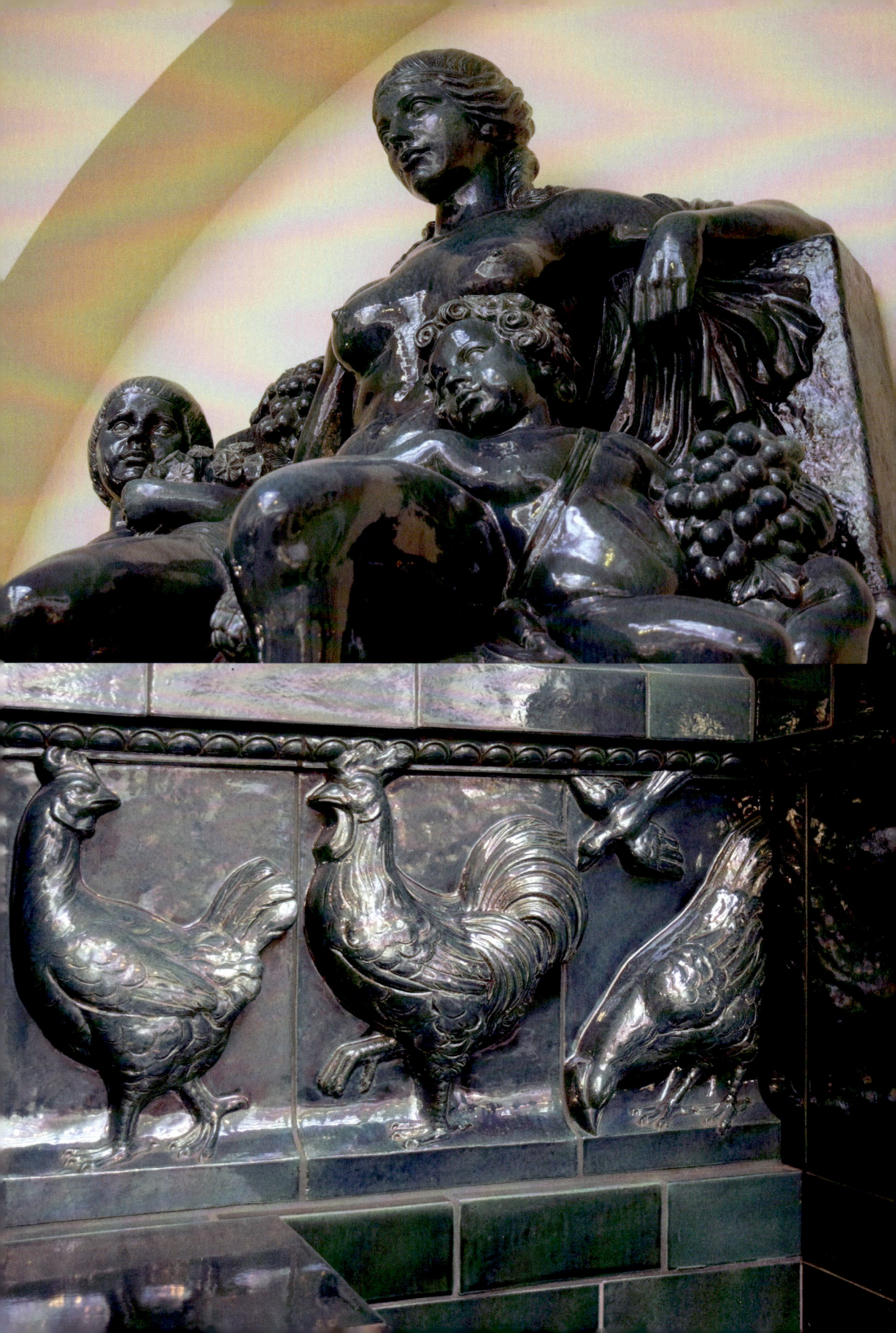

Leichte Gemüsebrühe

Ergibt etwa 1,5 l

2 Karotten

½ Knollensellerie

1 Petersilienwurzel

100 g braune Champignons

1 Stange Lauch

1 Zwiebel

1 Knoblauchzehe

1 Tomate

die Stängel von
1 Bund Petersilie

1 Bund Thymian

2 Lorbeerblätter

Salz

Karotten, Sellerie und Petersilienwurzel schälen und in grobe Stücke schneiden. Die Champignons mit einem Pinsel oder Tuch reinigen, den Fuß abschneiden und die Köpfe halbieren. Die dunkelgrünen Blätter vom Lauch abschneiden, die Stange längs halbieren, waschen und in kleine Stücke schneiden. Die losen Schalen der Zwiebel entfernen, die Zwiebel ungeschält halbieren. Die Knoblauchzehe mit dem Messerrücken platt drücken. Die Tomate waschen und vierteln.

Das Gemüse und die Kräuter mit 2 l Wasser zum Kochen bringen und auf kleiner Flamme 1 Stunde köcheln lassen. Die Brühe durch ein Sieb gießen und ganz leicht salzen. Die Brühe können Sie einfrieren und als Basis für Suppen, Risotto oder Saucen benutzen. In Schraubgläsern luftdicht verschlossen hält sie sich etwa 4 Wochen.

Minestrone *Andrea Loru, Zum Fruchtkorb*

Für acht Personen

2 Zwiebeln

2 Knoblauchzehen

2 Karotten

1 Fenchelknolle

2 kleine Zucchini

1 rote Paprikaschote

2 Stangen Staudensellerie

2 Esslöffel Olivenöl

1,5 l Gemüsebrühe,
Rezept siehe oben

200 g Orechiette

200 g Mangold oder Spinat

1 kleiner Kopf Broccoli

4 große aromatische Tomaten

1 Bund Basilikum

Salz, Pfeffer, Muskatnuss

sehr gutes, fruchtiges Olivenöl

100 g Parmesankäse

Zwiebeln und Knoblauchzehen schälen und in kleine Würfel schneiden. Karotte, Fenchel, Zucchini, Paprikaschote und Selleriestauden waschen, schälen oder putzen und in grobe Stücke schneiden. Olivenöl in einem großen Topf erhitzen, Zwiebeln und Knoblauch glasig anbraten. Das zerkleinerte Gemüse dazugeben und bei mittlerer Hitze andünsten. Mit der Gemüsebrühe auffüllen und etwa ½ Stunde sanft köcheln lassen.

Die Orecchiette in reichlich Salzwasser bissfest kochen, abgießen und abtropfen lassen.

Den Mangold oder Spinat waschen, mit den Stielen in Streifen schneiden. Den Broccoli in kleine Röschen zerteilen. Die Tomaten überbrühen, häuten, entkernen und in Streifen schneiden. Die Gemüse nach 20 Minuten zur Suppe geben. Die Basilikumblättchen grob zerrupfen.

Nach Ende der Garzeit Nudeln und Tomatenstreifen in die Suppe geben, kurz erwärmen und mit Salz, Pfeffer und Muskat abschmecken. Die Minestrone in einer vorgewärmten Terrine anrichten, mit den Basilikumblättchen bestreuen und dem Olivenöl beträufeln. Dazu eine Schüssel mit frisch geriebenem Parmesan auf den Tisch stellen.

Sauerampfersuppe mit pochiertem Ei

Für vier Personen

4 Eier

3 Esslöffel Weißweinessig

120 g Sauerampfer

2 Knoblauchzehen

1 Schalotte

2 Esslöffel Olivenöl

½ l Gemüsebrühe,
Rezept Seite 68

100 ml Weißwein

Salz, Pfeffer, Muskat

300 ml Sahne

2 Eigelbe

Zuerst die pochierten Eier vorbereiten. Dafür 2 l Wasser mit 3 Esslöffeln Weißweinessig aufkochen. Jeweils ein Ei in einer Tasse aufschlagen. Mit einem Löffel das Wasser rühren, bis sich ein schnelldrehender kleiner Strudel bildet. Das Ei aus der Tasse in den Strudel gleiten lassen. Es dreht sich im Strudel um die eigene Achse und das Eiweiß wickelt sich um das Eigelb. Das Ei etwa 2 Minuten pochieren, mit einem Schaumlöffel herausheben und auf Küchenkrepp abtropfen lassen. Mit den andreren Eiern genauso verfahren. Kurz bevor die Suppe fertig ist, die Eier kurz in heißem, keinesfalls kochendem Salzwasser erwärmen.

Den Sauerampfer waschen, trocknen und grob hacken. Knoblauchzehen und Schalotte schälen und fein hacken. Das Olivenöl in einem Topf erhitzen, Zwiebeln und Knoblauch bei mittlerer Hitze dünsten und leicht bräunen. Vorsicht: Knoblauch verbrennt schnell und wird dann bitter. Den Sauerampfer dazugeben, mit der Brühe und dem Weißwein auffüllen und mit Salz, Pfeffer und Muskat abschmecken. 15 Minuten köcheln lassen, die Suppe im Mixer oder mit dem Schneidstab sämig pürieren und wieder in den Topf geben. Eigelbe und Sahne gründlich mit dem Schneebesen verquirlen. Eine Schöpfkelle heiße Suppe unterrühren. Diese Mischung in die Suppe gießen und unter ständigem Rühren vorsichtig erhitzen, bis die Suppe cremig bindet. Sie darf dabei keinesfalls kochen, damit die Eigelbe nicht gerinnen. Die Suppe in Teller füllen und jeweils in die Mitte ein pochiertes Ei setzen.

Erbsensuppe mit Zuckerschoten und Minze

Für vier Personen

800 g frische Erbsen

100 g Zuckerschoten

1 Schalotte

1 Knoblauchzehe

2 Scheiben Toastbrot

5 Esslöffel Butter

½ Teelöffel Puderzucker

Salz, Pfeffer, Muskatnuss

800 ml Gemüsebrühe
Rezept Seite 68

½ Bund Minze

2 Stiele glatte Petersilie

100 ml Sahne

Die Erbsen aus ihren Hülsen palen. Die Zuckerschoten waschen, quer vierteln und gut abtropfen lassen. 2 Esslöffel Erbsen und 3 Zuckerschoten beiseite stellen. Schalotte und Knoblauch schälen und fein hacken. Das Brot in kleine Würfel schneiden. In einer Pfanne 3 Esslöffel Butter erhitzen und die Brotwürfel goldgelb rösten. Die Crôutons auf Küchenkrepp abtropfen lassen. In derselben Pfanne Zwiebel und Knoblauch glasig dünsten. Erbsen und Zuckerschoten zugeben, mit dem Puderzucker bestäuben und 3 Minuten dünsten. Mit Salz, Pfeffer und Muskatnuss würzen.

Die Gemüsebrühe angießen und 20 Minuten köcheln lassen, bis das Gemüse weich ist. Mit dem Schneidstab sehr fein pürieren. Minze und Petersilie waschen, trocken schleudern, die Blättchen abzupfen und fein hacken. Die Sahne steif schlagen.

Die restlichen Zuckerschoten in feine Streifen schneiden. Die restliche Butter in einer Pfanne erhitzen, die Zuckerschoten und die beiseite gestellten Erbsen andünsten, salzen und pfeffern. Mit 2 Esslöffeln Wasser ablöschen und 2 Minuten dünsten. Das Gemüse in die pürierte Suppe geben. Minze und Petersilie drüberstreuen. Die Suppe auf Teller verteilen, jeweils einen Esslöffel Sahne in die Mitte setzen und mit den Crôutons bestreuen.

Kürbissuppe mit Ziegenfrischkäse

Für vier Personen

1 bis 1,5 kg Hokaido-, Muskat-
oder Butternuss-Kürbis

2 mittelgroße Kartoffeln

2 säuerliche Äpfel

1 Karotte

1 Zwiebel

1 Knoblauchzehe

2 cm frischer Ingwer

1 rote Chilischote

2 Esslöffel Olivenöl

1 l Gemüsebrühe

Salz, schwarzer Pfeffer

1 Teelöffel gemahlener
Koriander

1 Kardamomkapsel

2 Esslöffel Kürbiskerne

100 g Ziegenfrischkäse

Den Kürbis waschen, in Spalten schneiden und entkernen. Die Spalten in grobe Würfel schneiden. Kartoffeln, Äpfel und Karotte schälen und ebenfalls grob würfeln. Zwiebel, Knoblauch und Ingwer schälen und fein schneiden. Die Chilischote mit Kernen in sehr feine Ringe schneiden. In einem schweren Topf das Öl erhitzen, Zwiebel, Knoblauch, Ingwer und Chilischote andünsten. Kürbis, Kartoffeln, Äpfel und Karotte dazugeben und mit der Brühe auffüllen. Mit Salz und Pfeffer würzen und 15 Minuten köcheln lassen. Die Samen aus der Kardamomkapsel pulen und im Mörser sehr fein zerstoßen. Koriander und Kardamom zur Suppe geben und weitere 15 Minuten köcheln lassen. In der Zwischenzeit die Kürbiskerne ohne Fett in einer Pfanne anrösten.

Die Suppe mit dem Schneidstab pürieren und noch einmal abschmecken, auf Teller verteilen, jeweils 1 Löffel Ziegenfrischkäse in die Mitte platzieren und mit den gerösteten Kürbiskernen bestreuen.

Der Hokaido-Kürbis gilt als besonders wohlschmeckend und hat den großen Vorteil, dass seine Schale beim Kochen weich wird und man sich dadurch die mühselige Prozedur des Schälens sparen kann. Es sieht sehr schön aus – und schmeckt äußerst aromatisch –, wenn Sie auf jeden Teller einen feinen Faden Kürbiskernöl träufeln.

Avocadocremesuppe „Sopa de Aguacate"

Für vier Personen

3 große reife Avocados

250 ml Sahne

600 ml Hühnerbrühe,
Rezept Seite 77

100 ml trockener Sherry

1 Teelöffel Salz

½ Teelöffel Cayennepfeffer

1 Limette

1 Spritzer Tabasco

2 Zweige glatte Petersilie
oder Koriander

2 Tortillafladen

Die Avocados halbieren und den Kern entfernen. Das Fruchtfleisch mit einem Esslöffel aus der Schale lösen und mit der Sahne im Mixer oder mit dem Schneidstab pürieren. Die Hühnerbrühe und den Sherry unterrühren und mit Salz, Pfeffer, Cayennepfeffer, Limettensaft und Tabasco würzen. Die Suppe mindestens 2 Stunden in den Kühlschrank stellen. Kurz vor dem Servieren die Kräuter waschen, abzupfen, grob zerzupfen und über die Suppe streuen. Die Tortillafladen in einer Pfanne oder im Toaster kurz rösten und zusammen mit der Suppe servieren.

Die Sopa de Aguacate ist der Hit für heiße Sommertage, sie macht satt und ist gleichzeitig erfrischend. In Mexiko gehört die Sopa de Aguacate zu den Nationalgerichten.

Schwarzwälder Kartoffelsuppe mit Kracherle und Leberwurst

Für vier Personen

600 g mittelgroße, mehligkochende Kartoffeln

2 Karotten

1 Stückchen Sellerieknolle

1 kleine Lauchstange

1 Zwiebel

1 Knoblauchzehe

3 Esslöffel Butter

1 l Gemüsebrühe,
Rezept Seite 68

4 Scheiben Schwarzbrot

2 Esslöffel Butter

Salz, Pfeffer, Muskatnuss

1 Esslöffel getrockneter
Majoran

200 g grobe Landleberwurst

Kartoffeln, Karotten und Sellerie schälen und grob würfeln. Die dunkelgrünen Lauchblätter abschneiden, die Lauchstange längs halbieren, waschen und in Streifen schneiden. Zwiebel und Knoblauch schälen, klein schneiden und in 1 Esslöffel Butter glasig dünsten. Das Gemüse dazugeben, die Gemüsebrühe angießen und etwa 30 Minuten köcheln lassen.

Für die Kracherle das Schwarzbrot entrinden und in kleine Würfel schneiden. Die restliche Butter in einer Pfanne erhitzen und die Brotwürfel knusprig braten. Aus der Pfanne nehmen und auf Küchenkrepp abtropfen lassen.

Das weiche Gemüse mit dem Schneidstab pürieren. Mit Salz, Pfeffer und Muskatnuss abschmecken, den Majoran zwischen den Handflächen zerreiben und unterrühren. Die Leberwurst in 4 Stücke teilen und in die vorgewärmten Suppenteller legen, mit der heißen Suppe übergießen und die Kracherle drüberstreuen.

Rote-Bete-Suppe mit Räucheraal

Für vier Personen

400 g Rote Bete

½ Petersilienwurzel

½ Pastinake

1 große, mehligkochende Kartoffel

1 Schalotte

1 Esslöffel Butter

1 Lorbeerblatt

800 ml Gemüsebrühe, Rezept Seite 68

1 Messerspitze Kreuzkümmel

Salz, Pfeffer, Muskatnuss

etwas Zitronensaft

1 Esslöffel geriebener Meerrettich, frisch oder aus dem Glas

125 ml Crème fraîche

400 g Räucheraal

Den Backofen auf 120 Grad vorheizen.

Die Gemüse waschen, putzen, schälen und in grobe Würfel schneiden. Die Zwiebel schälen und fein würfeln. Die Butter in einem Topf schmelzen und die Zwiebel glasig andünsten. Die Gemüsewürfel dazugeben und bei mittlerer Hitze 5 Minuten dünsten. Lorbeerblatt dazugeben, die Gemüsebrühe angießen und 40 Minuten kochen lassen. Wenn das Gemüse weich ist, mit dem Schneidstab fein pürieren. Mit Salz, Pfeffer, Muskat und einem Spritzer Zitronensaft abschmecken. In der Zwischenzeit den Meerrettich mit der Crème fraîche verrühren. Den Räucheraal enthäuten, die Filets von den Gräten lösen und in mundgerechte Stücke schneiden. Den Aal im heißen Ofen 5 Minuten erwärmen. Die warmen Filets in vorgewärmte Teller geben und mit der Suppe übergießen. 1 Esslöffel Meerrettich-Crèmefraîche in die Mitte setzen und sofort servieren.

Mayers Haustee ist ein Longseller. Es gibt tatsächlich Kunden, die diesem Getränk seit den Gründungstagen von Gewürz-Mayer die Treue halten. Das sind mittlerweile fast sechzig Jahre, so lange existiert das Unternehmen nämlich schon. Wolfgang Mayer führt die Geschäfte bereits in zweiter Generation. 1982 wurde der Stand in der Markthalle eröffnet, damals kamen die ersten Früchtetees auf den Markt und Mozzarella mit Tomaten und Basilikum war das Nonplusultra der innovativen Küche. Basilikum verwendete man gerne getrocknet, genauso wie Knoblauch für den beliebten Tsatsiki. Heute geht es weltläufiger und schärfer zu in deutschen Küchen. Die meistverkauften Gewürze sind Pfeffer, Paprika, Chili, Ingwer, Kümmel, Zimt, Muskat, Salz, Curry und Vanille. Unverändert ist allerdings das Qualitätsverständnis des Unternehmens. Heute wie damals werden die Gewürze, Kräuter und Tees nicht bei einem Großhändler eingekauft, sondern kommen von unterschiedlichen Produzenten, die man seit Jahren kennt und auf die man sich verlassen kann. Die Lieferungen werden von Wolfgang Mayer und seinen Mitarbeitern selbst abgefüllt – so weiß er, was drin ist, kann die Qualität kontrollieren und die Würzmischungen seiner Lieferanten weiter verfeinern. Die Ware gibt es auch in kleinen Verpackungsgrößen, sodass die empfindlichen Gewürze zuhause nicht alt und muffig werden. Bei Gewürz-Mayer werden immer wieder neue Gewürz- und Teekreationen ausgetüftelt, man orientiert sich an den wechselnden Geschmacksvorlieben und Kochstilen. Zurzeit verlangen die Trendsetter in den Küchen immer exotischere Salz- und Pfeffersorten und extravagante Gewürzmischungen. Wolfgang Mayer ist gespannt, wie es weitergeht, er ist für alle Entwicklungen offen.

Mulligatawny *Wolfgang Mayer, Gewürz-Mayer*

Für sechs Personen

1 ½ l Gemüse- oder Hühnerbrühe, Rezepte auf Seite 68
und Seite 77

etwas Zitronensaft

250 g Hühnerbrustfilet

125 g rote Linsen

1 mittelgroße Kartoffel

2 Karotten

¼ Knollensellerie

2 cm frischer Ingwer

2–3 Teelöffel scharfes
Currypulver

Salz, Pfeffer

½ Bund Koriander

150 ml Sahne

1 ungespritzte Zitrone

Die Brühe zum Kochen bringen, salzen und einen Spritzer Zitronensaft dazugeben. Das Hühnerbrustfilet hineinlegen und in etwa 20 Minuten bei mittlerer Hitze garen. Das Filet anschließend herausnehmen, abkühlen lassen und in Würfel schneiden.

Die Linsen in einem Sieb unter fließend kaltem Wasser waschen. Kartoffel, Karotten und Sellerie schälen und in grobe Würfel schneiden. Ingwer schälen und fein hacken. Linsen, Gemüsewürfel und Brühe in einem Topf erhitzen, Ingwer, Currypulver, Salz und Pfeffer dazugeben und alles 45 Minuten kochen lassen.

Den Koriander waschen, trocken schleudern, die Blättchen abzupfen und grob hacken. Die Zitrone in 6 Scheiben schneiden.

Die Gemüse in der Brühe mit dem Schneidstab sehr fein pürieren, dabei nach und nach die Sahne zugeben. Die Suppe abschmecken, das Hühnerfleisch hineingeben und noch einmal erhitzen. In jeden Teller eine Zitronenscheibe legen, die Suppe darüber gießen und mit den Korianderblättchen bestreuen. Vor dem Essen drückt man mit dem Löffel auf die Zitronenscheibe, damit die Suppe ihren typischen, leicht säuerlichen Geschmack bekommt.

Wenn Sie scharfes Essen nicht mögen oder vertragen, können Sie ein mildes Currypulver verwenden.

Das Wort Mulligatawny, sprich Maligátoni, stammt aus dem Tamilischen und bedeutet wörtlich Pfefferwasser. Ursprünglich handelte es sich bei diesem Gericht nicht um eine Suppe, sondern um eine Sauce, die in Indien zu Reis gegessen wurde. Die einfachste Version dieser Sauce bestand tatsächlich aus nichts anderem als in Wasser gekochten Gewürzen. Die britischen Kolonialherren machten daraus die Mulligatawny-Soup und nahmen sie mit nach England. Kultstatus erreichte die Suppe durch den Jahr für Jahr am Silvesterabend ausgestrahlten Sketch „Dinner for One". Sie ist Bestandteil des Menüs, das Miss Sophie von ihrem Butler James serviert wird.

Bündner Graupensuppe

Für vier Personen

1 Karotte

1 Zwiebel

¼ Knollensellerie

1 Lauchstange

100 g Bündner Fleisch
in 3 mm dicken Scheiben

1 Esslöffel Öl

100 g Perlgraupen

1 l Gemüsebrühe,
Rezept Seite 68

1 Bund Schnittlauch

Salz, Pfeffer, Muskat
zum Abschmecken

Karotte, Zwiebel und Sellerie schälen und in sehr kleine Würfel schneiden. Den Lauch putzen, die weißen und hellgrünen Teile in sehr feine Ringe schneiden. Das Bündner Fleisch in 3 mm große Würfel schneiden.

Das Öl in einem großen Topf erhitzen und die Zwiebel bei mittlerer Stufe andünsten. Die Graupen zugeben und kurz rösten. Die Brühe angießen, die Suppe zum Kochen bringen und bei mittlerer Hitze 25 Minuten köcheln lassen. Gemüsewürfel und Bündner Fleisch dazugeben und weitere 20 Minuten köcheln. Den Schnittlauch waschen, trocken tupfen und in feine Röllchen schneiden. Die Suppe mit Salz, Pfeffer und Muskat abschmecken und mit dem Schnittlauch bestreut servieren.

Graupen entstehen aus Gerstenkörnern, die in Graupenmühlen enthülst, entspelzt, geschält und poliert werden. Ganze Körner werden als Rollgerste bezeichnet. Graupen aus geschnittenen Körnern heißen Perlgraupen, weil sie durch das Schleifen und Polieren eine kugelige, an Perlen erinnernde Form erhalten. Sie müssen im Gegensatz zu Rollgerste vor dem Kochen nicht eingeweicht werden.

Hühnersuppe mit Morcheln

Ergibt etwa 2 l

1 Suppenhuhn von etwa 2 kg

1 Zwiebel

1 Karotte

¼ Sellerieknolle

1 kleine Stange Lauch

1 Petersilienwurzel

1 Tomate

1 Lorbeerblatt

1 kleiner Bund Thymian

1 Teelöffel schwarze Pfeffer-körner

3 Teelöffel Salz

Einlage

12 kleine getrocknete Morcheln

1 Stange Lauch

2 Karotten

500 frische Erbsen

Salz, Pfeffer, Muskatnuss

Die Brühe am besten bereits am Vortag herstellen. Dafür das Suppenhuhn gut waschen. Die Zwiebel halbieren und mit den Schnittflächen nach unten in einer beschichteten Pfanne ohne Fett dunkel rösten. Das Gemüse putzen und schälen und grob würfeln. Die Tomate waschen und in Stücke schneiden. Das Huhn in einem großen Topf mit etwa 3 ½ l kaltem Wasser und dem Salz zum Kochen bringen. Den Schaum, der sich dabei bildet mit einer Schaumkelle abschöpfen. Gemüse, Gewürze und Kräuter dazugeben und alles 2 bis 2 ½ Stunden köcheln lassen. Die Brühe langsam durch ein Haarsieb gießen, wenn sie ganz klar sein soll durch ein Passiertuch geben, und erkalten lassen. Danach die festgewordene Fettschicht abheben.

Am besten ebenfalls am Vortag – mindestens aber 3 Stunden – die Morcheln in reichlich lauwarmem Wasser einweichen. Danach unter fließendem Wasser gründlich ausspülen, um den Sand auszuwaschen. Den Lauch waschen, die weißen und hell-grünen Teile in dünne Ringe schneiden. Die Karotten schälen und fein würfeln. Die Erbsen aus den Schoten palen.

Die Brühe erhitzen, mit Salz, Pfeffer und Muskatnuss ab-schmecken. Das Gemüse in etwa 10 Minuten bissfest kochen, in den letzten Minuten die Morcheln und das kleingeschnittene Fleisch dazugeben und servieren.

Die klare Hühnerbrühe, ohne Fleisch und Gemüseeinlage, ist die Basis für Gemüsesuppen, Risotto und Saucen. Sie schmeckt um ein Vielfaches besser, als die Fertigbrühen aus Gläsern oder gepressten Würfeln.

Was ist dran am Mythos Hühnersuppe? Bereits im Altertum wurde ihre Heilwirkung beschrieben, als Stärkungsmittel wird sie Schwachen und Kranken bis heute empfohlen. Auch bei Erkältungen soll die heiße Brühe die Symptome lindern. Die Amerikaner nen-nen die Hühnersuppe „Jewish Penicillin" und bekämpfen alle möglichen Zipperlein mit ihr. Eine amerikanische Studie konnte nachweisen, dass dieses Hausmittel tatsächlich einen positiven Effekt bei grippalen Infekten hat: Zu Beginn einer Erkältung werden viel zu viele weiße Blutzellen in die Nasenschleimhäute transportiert. Und genau hier greift die Hühnersuppe ein, sie bewirkt, dass die Schleimhäute wieder abschwellen. Welcher Stoff dafür verantwortlich ist, konnte allerdings bis heute noch nicht enträtselt werden.

Zarzuela – Spanische Fischsuppe

Für vier Personen

1 Espressolöffel Safranfäden

1 Zwiebel

2 Knoblauchzehen

2 rote Paprikaschoten

1 kg Tomaten

1 Chilischote

120 g gemahlene Mandeln

6 Esslöffel Olivenöl

250 ml Fischfond

1 Teelöffel Paprikapulver

2 Lorbeerblätter

2 Zweige Thymian

12 Miesmuscheln

12 Venusmuscheln

200 g Seehechtfilet

200 g Kabeljaufilet

200 g Seeteufelfilet

12 Garnelen

Salz und Pfeffer

Den Backofen auf 200 Grad vorheizen.

Die Safranfäden mit vier Esslöffel kochendem Wasser übergießen und ziehen lassen. Die Zwiebel schälen und längs in Streifen schneiden. Den Knoblauch schälen und fein hacken. Die Paprikaschoten waschen, halbieren, Strunk und Trennwände entfernen, die Paprika in Streifen schneiden. Die Tomaten überbrühen, häuten, entkernen und das Fruchtfleisch in Streifen schneiden. Die Chilischote halbieren, entkernen und in feine Streifen schneiden. Die Mandeln in einer beschichteten Pfanne ohne Fett rösten. Aufpassen, dass sie nicht verbrennen.

In einem schweren Topf die Zwiebeln im Olivenöl glasig andünsten, Paprika, Knoblauch und Chili zugeben und etwa 10 Minuten dünsten. Den Fond angießen, Tomatenstreifen, Safranfäden mit dem Einweichwasser, Paprikapulver und Mandeln dazugeben und gut unterrühren. Mit Salz und Pfeffer abschmecken. Lorbeerblätter und Thymianzweige hineinlegen und 10 Minuten köcheln lassen.

In der Zwischenzeit die Muscheln waschen und von ihren Bärten befreien. Eine feuerfeste Form oder Pfanne mit Deckel mit Öl ausstreichen. Die Fischfilets in etwa 5 cm große Stücke schneiden und in die Form legen. Mit dem Sud übergießen, die Muscheln zwischen die Fischstücke legen und bei großer Flamme aufkochen lassen. Die Form in den Ofen schieben und zugedeckt circa 5 Minuten garen, bis die Muscheln geöffnet sind. Mit kräftigem, frischem Weißbrot servieren.

Spinosini mit Schinken und Zitrone

Fabian Jauss, Di Gennaro

Für zwei bis drei Personen

1 unbehandelte Zitrone

40 g Parmesankäse

½ Bund glatte Petersilie

80 g luftgetrockneter Schinken

70 g Olivenöl

250 g Spinosini, schmale Eierteig-Nudeln

Die Zitronenschale abreiben. Den Parmesan fein reiben. Die Petersilie waschen, trocken schütteln, die Blättchen abzupfen und fein hacken. Den Schinken in feine Streifen schneiden. Das Öl in einer Pfanne erhitzen und die Schinkenstreifen leicht erhitzen, nicht anbraten. Die Spinosini in reichlich Salzwasser zweieinhalb Minuten kochen, abgießen, dabei eine Tasse Nudelkochwasser auffangen. Die abgetropften Nudeln in die Pfanne geben, 2 Esslöffel Nudelwasser dazugeben und 1 Minute vermengen. Die Pfanne vom Herd ziehen, Zitronenschale, Parmesan und Petersilie unterheben. Wenn die Nudeln zu trocken sind, noch etwas Nudelwasser oder einen Faden Öl untermischen.

Die Spinosini kommen aus den Marken, in der Nähe von Ancona. Pasta-Maestro Vincenzo Spinosi schlägt die Eier für seine handgemachte Pasta wie früher mit der Hand auf und verzichtet bei der Zubereitung auf Wasser.

„Wer die Stuttgarter Markthalle betritt, kennt das betörende Flair. Es riecht nach Appetit", schwärmt Michele di Gennaro von der Atmosphäre, zu der die Familie di Gennaro seit September 1991 mit ihrem Stand beiträgt. Schon 20 Jahre vorher begannen die Brüder Michele und Antonio di Gennaro Pionierarbeit zu leisten im Dienste der italienischen Esskultur in Deutschland. Wobei sie gerne zugeben, dass da eine gehörige Portion Eigennutz mit im Spiel war. Denn als die beiden in den sechziger Jahren als Gastarbeiter von Apulien nach Stuttgart kamen, konnten sie die schwere Arbeit in einer Kunststofffabrik, das miese Wetter und das Heimweh gerade noch ertragen. Vor dem deutschen Essen mussten sie jedoch kapitulieren. In den ersten Wochen ernährten sie sich vor allem von Spaghetti, Tomatensauce und Gemüsekonserven. Von ihren Heimreisen brachten sie Koffer voller Lebensmittel mit nach Deutschland und waren bei ihren italienischen Freunden bald als Anlaufstelle für gutes Essen aus der Heimat bekannt. 1969 wagten die beiden den Sprung in die Selbstständigkeit und eröffneten ein italienisches Feinkostgeschäft. Die Ware wurde im Lastwagen aus Italien geholt; wegen der damaligen Straßenverhältnisse konnte die einfache Fahrt nach Apulien gut und gerne zwei Tage dauern. Anfangs kamen nur Italiener in ihren Laden, als aber in den siebziger Jahren bei den reisefreudigen Deutschen die große Liebe zu Bella Italia entflammte, wollten sie auch zuhause nicht auf italienische Delikatessen verzichten. Im Laden der di Gennaros konnten sie ihre Sehnsucht stillen, denn, so hat Michele di Gennaro herausgefunden „italienische Delikatessen

sind nicht nur Lebensmittel, sie transportieren Lebensgefühl". Heute ist di Gennaro einer der
führenden Anbieter italienischer Spezialitäten im deutschsprachigen Raum mit einem Handels-
und Logistikzentrum in Stuttgart und Filialen, Weinhandlungen und Restaurants in mehreren
Städten. Auch die Kunden in der Markthalle profitieren von dem in 40 Jahren aufgebauten Netz-
werk aus italienischen Lieferanten: von der handgemachten Pasta des Pasta-Maestro Vincenzo
Spinosi aus den Marken und der Familie Cocco aus den Abruzzen, dem Prosecco des Vorzeige-
betriebs Bisol aus dem Valdobbiadene, den hervorragenden Schinken und Salami der Metzgerei
Villani aus der Gegend von Modena – allesamt Produkte, die nur bei di Gennaro vertreten sind.
Jeden Tag gibt es frisch zubereitete, originelle Antipasti in den Vitrinen, dazu eine phänomenale
Käseauswahl, Olivenöle, natürlich alle extra vergine, Weine der Topwinzer und auch solche von
unbekannteren Talenten, taufrische Salate und Gemüse und natürlich frische, original italienische Panini zum sofortigen Hungerstillen. Teile der Großfamilie di Gennaro sind ständig in Itali-
en und entwickeln mit den Produzenten vor Ort neue Käse- und Wurstspezialitäten. „Das muss
einfach sein", sagt Michele di Gennaro, „unsere Kunden suchen das Besondere. Durch ihre Itali-
enreisen haben sie so viel kulinarische Erfahrung, dass sie gezielt nach regionalen und seltenen
Spezialitäten fragen. Sie interessieren sich für Trüffelsalami aus dem Piemont, Wildschweinschinken aus der Toskana und Büffelmozzarella aus Kampanien. Die Zeiten des ‚Pizza-Pasta-
Salami-Einerlei' sind vorbei."

Spaghetti mit Salbei, Pinienkernen und geröstetem Brot

Für vier Personen

1 großer Bund Salbei

50 g getrocknetes Weißbrot

1 mittelscharfe rote Peperoncini

2 EL Pinienkerne

500 g Spaghetti No. 12

12 Esslöffel Olivenöl

30 g Butter

Salz, Pfeffer

Parmesan

nach Belieben Olivenöl

Salbeiblätter abzupfen, waschen und gut abtrocknen. Das Weißbrot reiben. Peperoncini waschen, halbieren, entkernen und die Schoten klein würfeln. Pinienkerne ohne Fett in einer Pfanne bräunen und grob hacken. Das Olivenöl erwärmen und die Salbeiblätter auf kleinster Flamme 10 Minuten kross braten. In der Zwischenzeit die Spaghetti in Salzwasser kochen. Die Butter in einer weiteren Pfanne schmelzen, die Brotkrümel bräunen. Wenn die Nudeln al dente sind, abgießen und im abgedeckten Topf warm halten. Die Peperoncini zum Salbeiöl geben, eine Minute ziehen lassen. Brotkrümel und Pinienkerne unter die Nudeln heben, pfeffern und salzen. In einer großen Schüssel anrichten und mit dem Salbeiöl begießen. Mit gehobeltem Parmesan servieren. Wer's nicht so trocken mag, nimmt einen Schuss Olivenöl dazu.

Spaghetti mit Kürbiskernpesto

Dagmar Ragoßnig, Ragoßnig Obst Gemüse Südfrüchte

Für vier Personen

80 g Kürbiskerne

50 g Sbrinz, alternativ Parmesan

1 unbehandelte Zitrone

1 Bund glatte Petersilie

70 ml gutes Sonnenblumenöl

30 ml Kürbiskernöl

ca. 100 ml Gemüsebrühe

Salz, Pfeffer

500 g Spaghetti

Die Kürbiskerne in einer Pfanne ohne Fett anrösten, bis sie anfangen zu platzen, abkühlen lassen und grob hacken (ein paar Kürbiskerne für die Dekoration aufbewahren). Den Käse reiben. Die Zitrone abwaschen und die Schale fein reiben, den Saft auspressen. Die Petersilie waschen, trocken schleudern, die Blättchen abzupfen und fein hacken. Kürbiskerne, Käse, Zitronenabrieb und die beiden Ölsorten mit einem Schneidstab oder im Mixer zu einer Paste pürieren. Mit etwas Gemüsebrühe zu einer geschmeidigen Konsistenz verrühren. Mit Salz und Pfeffer würzen und mit Zitronensaft abschmecken.

Die Spaghetti in reichlich kochendem Salzwasser bissfest garen. Die Nudeln abgießen, eine Tasse Nudelwasser aufbewahren, und mit dem Pesto vermischen. Falls die Nudeln zu trocken sind, etwas Nudelwasser dazugeben. Mit einigen Sbrinz-Spänen und Kürbiskernen bestreuen.

Das Pesto passt ausgezeichnet zu Pasta, Spargel oder Carpaccio und schmeckt sehr gut auf getoasteten Weißbrotscheiben zu Salaten.

Nur 32 Käsereien in den Kantonen um Luzern produzieren jährlich knapp 45000 Laibe Sbrinz zu je 43 Kilo, zwanzig Mal weniger als Parmesan. Wie jener enthält Sbrinz außer Milch, Lab und Salz keine weiteren Zutaten oder Zusatzstoffe. Dass er dennoch anders schmeckt als Parmesan, liegt an den unterschiedlichen Kräutern, die die Kühe fressen. Die Konsistenz von Sbrinz ist brüchig und leicht kristallin, er lässt sich aber im Gegensatz zu Parmesan mit einem Käsehobel in hauchdünne Scheiben schneiden und dann aufrollen. Bevor er auf den Tisch kommt, sollte er mindestens zwei Jahre, besser noch drei Jahre alt sein. Sbrinz ist eine ausgezeichnete Alternative zu Parmesan, auch er passt besonders gut zu Nudelgerichten.

Orecchiette da Rapa

Antonio Fattizzo und Vivian Papadopoulos-Fattizzo, Il Buongustaio

Für vier Personen

1 kg Cima di Rapa

3 Knoblauchzehen

2 rote Chilischoten

3 gesalzene Sardellen

4 Esslöffel Olivenöl

Salz, Pfeffer

400 g Orecchiette

100 g reifer Pecorino

Die Rapa waschen und die Blätter von den Stielen trennen. Die Stiele in 1 cm breite Stücke schneiden, die Blätter übereinander legen und in 1 cm breite Streifen schneiden. Den Knoblauch schälen und in feine Scheiben schneiden. Die Chilischoten waschen und die Schote in feine Ringe schneiden. Die Sardellen abspülen und trocken tupfen. Knoblauch, Chili und Sardellen in heißem Öl andünsten, bis die Sardellen schmelzen. Die Rapastiele dazugeben und 10 Minuten mitbraten, danach die Blätter dazugeben und unter Rühren braten, bis das Gemüse gar ist, aber noch Biss hat. Mit Salz und Pfeffer abschmecken. In der Zwischenzeit die Orecchiette in reichlich Salzwasser gar kochen und tropfnass zum Gemüse geben, gut durchschwenken, mit frisch gemahlenem Pfeffer und dem geriebenen Pecorino anrichten.

Dies ist ein typisches Rezept aus Apulien, dort wird gerne mit viel Gemüse, Olivenöl und scharfen Chilischoten oder Peperoncini gekocht. Cima di Rapa ist eine, dem Broccoli verwandte, aus Süditalien stammende Kohlsorte. In Deutschland wird das Gemüse manchmal Sprossen- oder Stängelbroccoli genannt, der italienische Name hat sich aber inzwischen fast überall durchgesetzt. Cima di Rapa hat einen feinen, dezent bitteren Geschmack und wird mit Stielen, Blättern und Blütenknospen gegessen.

Den Buongustaio, zu deutsch „Feinschmecker", übernahm Antonio Fattizzo 1998 von seiner Mutter. Seine Frau Vivian Papadopoulos-Fattizzo, die Tochter des benachbarten griechischen Standbesitzers, hat sich mittlerweile ganz in die Welt der italienischen Feinkost eingearbeitet. Gemeinsam besucht das jung verheiratete Paar kleine Produzenten in der Toskana und ordert Schinken, Salami und Käse direkt von den Erzeugern. „Man muss aufpassen, dass man die echten Produkte findet und nicht auf die Nachahmer hereinfällt", sagt Fattizzo, „für diese minderwertige Fabrikware ist jeder Cent zu viel." Kürzlich haben sie Prosciutto Cinta Senese entdeckt, einen luftgetrockneten Schinken von Cinta-Senese-Schweinen, die sich, wie die spanischen Pata-Negra-Schweine in Spanien, nicht für die Stallhaltung eignen, sondern frei im Wald in der Gegend um Siena leben. Man schmeckt es.

Elf verschiedene Sorten luftgetrockneten Schinken haben die Fattizzos im Angebot, darunter selbstverständlich den echten Prosciutto di Parma mit der fünfzackigen Krone. Außerdem luftgetrocknete Pancetta, Salami mit weißer Trüffel aus Greve im Chianti,

Norcino aus Umbrien und saftigen, gekochten Parmaschinken. Zartrosafarbene Mortadella di Bologna, die echte natürlich, aus Schweinefleisch mit Pistazien, deren hauchdünne, riesige Scheiben jedes Panino veredeln. Lardo di Colonnata aus der Toskana, dicke, weiße Speckstücke, die zwischen Salz und Kräutern gebettet in Marmorbecken reifen und im Augenblick die globale Feinschmeckerwelt entzücken.

Ihren Käse beziehen die Fattizzos vom Familienbetrieb La Casera in Verbania am Lago Maggiore, wo seit 50 Jahren Käse veredelt und zur Reife gebracht wird. Die Mozzarella, aus der Büffelmilch wie es sich gehört, reist innerhalb von 24 Stunden aus Kampanien an. Genauso wie die in grüne Blätter gehüllte Burrata, eine Sonderform der Mozzarella. Sie ist geformt wie ein kleines Säckchen und hat einen buttrigen, halbflüssigen Frischkäsekern. Sie wird wie Mozzarella mit Tomaten und Basilikum gegessen und verwandelt einfache Pasta und Pizza zur Delikatesse.

Zweimal in der Woche wird frische Pasta aus dem piemontesischen Novara geliefert. Ihre Qualität ist der einzige Grund, Pasta nicht selbst zu machen. Die klassischen piemontesischen Ravioli al Plin, mit der namensgebenden kleinen Falte, kriegen sowieso nur ganz große Könnerinnen hin. Auch alle anderen Pastasorten – Ravioli, Panzerotti, Tortelloni, Tortellini – sehen aus wie gemalt und schmecken göttlich. Natürlich gehört zur italienischen Küche der passende Wein. Vis-à-vis stehen die Flaschen, überwiegend aus dem Piemont und der Toskana. Ein Regal ist für die Grappe reserviert, und neuerdings gibt es hier auch zwei italienische Schaumweine, die nach dem Champagnerverfahren hergestellt werden und ihren französischen Kollegen ernsthaft Konkurrenz machen.

Von Antonio Fattizzo, dem Koch der jungen Familie, kommt das Rezept für „Orecchiette da Rapa" auf Seite 88 und „Bruschette und Scampi mit Lardo di Colonnata" auf Seite 30.

Spaghettini alle Vongole

Für vier Personen

800 g Venusmuscheln

100 ml Weißwein

2 Knoblauchzehen

2 kleine rote Chilischoten

4 Esslöffel Olivenöl

1 Bund glatte Petersilie

400 g Spaghettini

Salz, Pfeffer

Die Muscheln unter fließend kaltem Wasser abspülen, zerbrochene und offene Muscheln aussortieren und wegwerfen. Den Weißwein aufkochen lassen und die Muscheln hineingeben. Zugedeckt etwa 5 Minuten kochen lassen, bis sich die Muscheln geöffnet haben. Geschlossene Muscheln wegwerfen. Den Sud durch ein feines Sieb gießen und beiseite stellen. Drei Viertel der Muscheln auslösen, den Rest in der Schale lassen. Die Knoblauchzehen schälen und fein hacken. Die Chilischoten waschen und in sehr feine Ringe schneiden. Die Petersilie waschen, trocken schleudern, die Blättchen abzupfen und in feine Streifen schneiden. Das Olivenöl in einer großen Pfanne erhitzen, Knoblauch und Chili andünsten. Mit dem Muschelsud ablöschen und etwas einkochen lassen.

Die Spaghettini in reichlich Salzwasser al dente kochen. Abgießen und mit den Muscheln und der Petersilie in das Knoblauch-Chili-Öl geben. Gründlich vermischen und mit Pfeffer und eventuell etwas Salz abschmecken.

Spaghettini mit gebratenem Sepia

Für vier Personen

600 g kleine, küchenfertige Sepiatuben

2 Schalotten

2 Knoblauchzehen

½ Bund Basilikum

5 aromatische Tomaten

6 Esslöffel Olivenöl

200 ml Weißwein

Salz, Pfeffer, Piment d'Espelette

400 g Spaghettini

Die Sepiatuben unter fließend kaltem Wasser ausspülen, trocken tupfen und in 5 mm breite Streifen schneiden. Zwiebeln und Knoblauchzehen schälen und fein würfeln. Das Basilikum waschen, trocken tupfen, die Blättchen abzupfen und in feine Streifen schneiden. Die Tomaten mit kochendem Wasser überbrühen, häuten, entkernen und in kleine Würfel schneiden. Das Olivenöl erhitzen und Zwiebeln und Knoblauch glasig dünsten. Die Sepiastreifen dazugeben und unter Rühren etwa 3 bis 4 Minuten braten. Mit Weißwein ablöschen und 5 Minuten bei mittlerer Hitze köcheln lassen. Tomatenwürfel und Basilikum untermischen und 6 bis 7 Minuten dünsten. Mit Salz, Pfeffer und Piment d'Espelette abschmecken.

In der Zwischenzeit die Spaghettini in reichlich Salzwasser bissfest garen, abgießen und mit dem Sepia-Sugo vermischen.

Culingionis alla Villacidrese – Nudeltaschen mit Ricotta

Andrea Loru, Zum Fruchtkorb

Für vier bis sechs Personen

Teig

200 g Mehl Typ 00, aus dem italienischen Lebensmittelladen

200 g Hartweizengrieß „Semola di Grano Duro", s.o.

3 Eier

1 Messerspitze gemahlener Safran

Salz

Füllung

300 g Spinat

300 g frischer Ricotta, möglichst vom Schaf, oder frischer, weicher Schafskäse

2 Esslöffel Butter

Salz, Pfeffer

Sauce

500 g vollreife Tomaten, am besten reife Ochsenherztomaten

2 Esslöffel bestes Olivenöl

Salz, Pfeffer

100 g frisch geriebener Pecorino Sardo

ein paar Blätter frisches Basilikum

Mehl und Grieß auf die Arbeitsfläche häufen und eine Mulde hineindrücken. Die Eier mit einer Gabel verschlagen und in die Mulde geben, Safran und eine Prise Salz zufügen und alles zu einem glatten Teig kneten. So lange kneten, bis sich der Teig seidig und glatt anfühlt – mit 10 Minuten Muskelarbeit sollten Sie rechnen. Aus dem Teig eine Kugel formen, mit einem feuchten Tuch bedecken und 30 Minuten im Kühlschrank ruhen lassen.

Für die Füllung den Blattspinat putzen und waschen. Tropfnass in einen heißen Topf geben und zusammenfallen lassen. Abgießen und etwas abkühlen lassen. Die Blätter fest auspressen und fein hacken. Die Butter in einer Pfanne erhitzen, den gehackten Spinat kurz andünsten und mit Salz, Pfeffer und Muskat würzen. In einer Schüssel den Ricotta fein zerkrümeln, gründlich mit dem Spinat mischen und abschmecken.

Für die Sauce die Tomaten überbrühen, enthäuten und klein hacken. Olivenöl in einem Topf erhitzen, Tomatenwürfel zufügen und bei milder Hitze sämig einköcheln, salzen und pfeffern.

Währenddessen den Nudelteig halbieren und auf der bemehlten Arbeitsfläche so dünn wie möglich ausrollen. Sie brauchen Teigstreifen von 15 cm Länge. Auf die untere Hälfte des Teigstreifens im Abstand von 4 cm jeweils 1 Teelöffel der Füllung setzen. Die obere Teighälfte darüber klappen. Den Teig um die Füllung herum gut zusammendrücken, dabei alle Luftblasen entfernen. Mit einem Teigrädchen Rechtecke ausschneiden. Den Teig möglichst rasch verarbeiten, da er relativ schnell austrocknet und spröde wird. Über die fertigen Culingionis ein feuchtes Küchentuch breiten.

Inzwischen in einem sehr großen Topf, ersatzweise zwei kleineren Töpfen, reichlich Salzwasser zum Kochen bringen und die Teigtaschen hineingeben, nach dem Aufwallen die Hitze reduzieren und die Culingionis 7 Minuten ziehen lassen. Mit einem Schaumlöffel herausheben und auf eine vorgewärmte Platte legen, mit der Tomatensauce überziehen und frisch geriebenem Pecorino bestreuen. Die Basilikumblättchen grob zerrupfen und drüberstreuen.

Tagliatelle con Salsicce *Atilla Caprano, Macelleria Italiana*

Für vier Personen

1 Knoblauchzehe

1 Chilischote

4 rohe italienische Bratwürste, ca. 400 g

3 Tomaten

3 Esslöffel Olivenöl

400 g Tagliatelle oder Penne

Salz, Pfeffer

1 Bund glatte Petersilie

50 g Parmesan oder Pecorino

Die Knoblauchzehe schälen und fein würfeln. Die Chilischote halbieren, entkernen und klein schneiden. Die Tomaten waschen, den Stielansatz entfernen und das Fruchtfleisch grob hacken. Die Salsicce pellen und das Brät in kleine Stücke schneiden. Das Olivenöl erhitzen und die Salsiccestücke anbraten, Knoblauch und Chili dazugeben und kurz mitbraten, aufpassen, dass der Knoblauch nicht verbrennt. Die Tomatenstücke unterrühren und auf kleiner Flamme köcheln lassen, mit Salz und Pfeffer abschmecken. Aufpassen, die Wurst ist bereits kräftig gewürzt. In der Zwischenzeit die Nudeln al dente kochen. Die Petersilie waschen, trocken schleudern, die Blätter abzupfen und grob hacken. Die Nudeln mit dem Sugo und der Petersilie mischen, auf vorgewärmten Tellern anrichten und mit geriebenem Parmesan bestreuen.

Um die schwäbische Maultasche ranken sich viele Legenden. Die in Schwaben am wenigsten populäre behauptet, die Maultasche sei nichts anderes als eine Kopie der italienischen Ravioli oder der chinesischen Wan-Tan. Ganz von der Hand zu weisen ist diese Behauptung nicht, immerhin war Schwaben Besatzungs- und Durchgangsland. Sie könnte von Marco Polo aus China mitgebracht und mit dem Stauferkönig Friedrich dem II. aus Arabien nach Italien und über die Alpen eingewandert sein.

Eine den Schwaben sympathischere Legende besagt, dass die Maultaschen im 17. Jahrhundert während des Dreißigjährigen Kriegs von Zisterziensermönchen im Kloster Maulbronn erfunden wurden. Angeblich fand ein Mönch zu Zeiten der Reformation mitten in der Fastenzeit ein Stück Fleisch. Der Genuss desselben war in der Fastenzeit zwar strengstens verboten, aber die Lebensmittel waren knapp und immer mehr Bedürftige suchten in den Jahren politischer Unruhen Zuflucht im Kloster. Der Mönch entschloss sich zu einem Trick. Er mischte das kleingeschnittene Fleisch mit Kräutern und Spinat und umwickelte die Farce mit einer Teighülle, um das Fleisch vor dem Blick des Herrgotts zu verbergen. Diese List brache der Teigtasche den Namen „Herrgottsb'scheißerle" ein. Am wahrscheinlichsten, aber weniger romantisch ist, dass die Maultaschen ganz einfach ein Resteessen waren, in dem die sparsame schwäbische Hausfrau übrig gebliebenes Fleisch und Gemüse verarbeiten konnte. Wie dem auch sei – Maultaschen sind köstlich und es ist gut, dass sie erfunden wurden.

Bei Konkel's Maultaschen finden Sie den Klassiker mit Hackfleisch und Spinat, aber auch die modernen Variationen mit Bärlauch, Lachs, Wild oder Gemüse. Uwe Konkel bevorzugt die klassische Füllung und isst die Maultaschen am liebsten mit Tomatensauce und Käse überbacken. Er ist bereits seit 25 Jahren in der Markthalle. 14 Jahre lang hatte er einen großen Metzgereistand; seit er sich Ende 2009 ganz auf die Herstellung von Maultaschen spezialisiert hat, genügt ihm der kleinste Stand der Markthalle als Verkaufsplatz. Der absolute Rekordtag für den Maultaschenverkauf ist der Tag vor Karfreitag, dann geht die doppelte Menge über die Theke wie an den anderen Tagen.

Klassische Maultaschen in der Brühe

Uwe Konkel, Konkel's Maultaschen

Für vier Personen

Brühe

1 kg Rinderknochen (Sand- und Markknochen)

1 Bund Suppengrün aus Karotte, Sellerie, Petersilienwurzel und Lauch

1 Zwiebel

2 Lorbeerblätter

3 Nelken

Salz, schwarzer Pfeffer, Muskatnuss

Maultaschenteig

250 g Mehl (am besten Hartweizenmehl aus dem italienischen Lebensmittelgeschäft)

3 Eier

1–2 Teelöffel Olivenöl

1 Prise Salz

Mehl zum Ausrollen

Füllung

1 Brötchen vom Vortag

ca. 50 ml Milch

2 Zwiebeln

50 g durchwachsener Speck

1 Bund glatte Petersilie

250 g Spinat

2 Esslöffel Butterschmalz

200 g nicht zu mageres Hackfleisch

2 Eier

Salz, Pfeffer, Muskat

½ Teelöffel getrockneter Majoran

3 Stängel krause Petersilie

Die Rinderknochen in einem großen Topf mit wenig Wasser aufkochen lassen, mit einem Schaumlöffel herausheben und mit kaltem Wasser abschrecken. Die Knochen erneut mit 2 l kaltem Wasser aufsetzen und auf kleinster Flamme zum Sieden bringen. Karotte, Sellerie und Petersilienwurzel schälen und in grobe Stücke schneiden. Die dunkelgrünen Blätter vom Lauch abschneiden, die Stange längs halbieren, waschen und in kleine Stücke schneiden. Die Zwiebel halbieren und in einer beschichteten Pfanne ohne Fett auf den Schnittseiten braun anbraten.

Das Gemüse, Lorbeerblätter und Nelken zu den Knochen geben und etwa 3 Stunden knapp unterhalb des Siedepunktes simmern. Den Schaum, der sich an der Oberfläche bildet, mit einem Schaumlöffel immer wieder abschöpfen. Die Brühe mit Salz, Pfeffer und Muskat würzen.

Für den Teig das Mehl auf die Arbeitsfläche häufen, eine Kuhle hineindrücken, Eier, Öl und eine Prise Salz hineingeben und zu einem glatten Teig kneten. Den Teig zu einer Kugel formen und in Frischhaltefolie eingepackt mindestens 30 Minuten im Kühlschrank ruhen lassen.

Für die Füllung das Brötchen in Scheiben schneiden, die Milch erhitzen und über die Brötchenscheiben gießen. Abgedeckt einweichen lassen. Die Zwiebeln schälen und fein schneiden, den Speck fein würfeln. Die Petersilie waschen, trocken schütteln, die Blättchen abzupfen und sehr fein hacken. Den Spinat waschen, verlesen, in kochendem Wasser kurz blanchieren. Durch ein Sieb abschütten, gut ausdrücken und fein hacken. Das Butterschmalz in einer Pfanne erhitzen und Zwiebeln und Speck glasig braten. Etwas abkühlen lassen und zu den eingeweichten Brötchen geben. Spinat, Hackfleisch, 1 Ei und Petersilie dazugeben, mit Pfeffer, Salz, Muskat und Majoran würzen und mit den Händen gründlich vermengen.

Den Teig mit einer Nudelmaschine oder dem Nudelholz sehr dünn zu einem langen Band ausrollen. Die Füllung dünn aufstreichen, den oberen Teigrand mit verquirltem Ei bestreichen und den Teig von der breiten Seite aus wie eine Roulade aufrollen. Den

Rand gut andrücken, dass er mit dem Ei zusammenklebt. Maultaschen in der gewünschten Größe abschneiden und mit der Hand vorsichtig platt drücken, damit sich die Füllung gut verteilt.

Die Maultaschen 5 bis 7 Minuten in der leise kochenden Brühe ziehen lassen. In der Zwischenzeit die Petersilie waschen, die Blättchen abzupfen und fein hacken. Die Maultaschen in Suppenteller verteilen, mit Brühe übergießen und mit der Petersilie bestreuen.

Was in der „Schwäbischen Maultasche" drin sein darf, regelt seit 2009 die EU-Maultaschen-Verordnung Nr. 991/2009: Schweinefleisch, Rindfleisch, geräuchter Bauch, Spinat, Petersilie, Zwiebeln, Eier, Gewürze, Brot und Lauch – sonst nichts. Und sie muss wirklich aus Baden-Württemberg oder dem bayerischen Regierungsbezirk Schwaben stammen. Hersteller außerhalb dieser Regionen dürfen ihre Produkte nur noch schlicht „Maultaschen" nennen.

Maultaschen isst man zuerst in der Brühe, am zweiten Tag mit fein gehackten, braun gerösteten Zwiebelchen überschmälzt und einem echten schwäbischen Kartoffelsalat als Beilage. Wenn dann noch Maultaschen übrig bleiben, werden sie mit Eiern und Käse im Ofen überbacken oder in Streifen geschnitten in der Pfanne geröstet und mit einem grünen Salat serviert.

Kartoffelgnocchi mit Pfifferlingsrahm

Für vier Personen

Kartoffelgnocchi

1 kg mehlige Kartoffeln

75 g Kartoffelmehl

150 g Weizenmehl (Typ 405)

3 Eigelb

Salz, Pfeffer, Muskatnuss

etwas Grieß

Pfifferlingsrahm

400 g kleine Pfifferlinge

3 Schalotten

1 Knoblauchzehe

2 Esslöffel Olivenöl

200 ml Gemüsebrühe

200 ml Sahne

1 unbehandelte Zitrone

3 Tomaten

½ Bund glatte Petersilie

Salz, Pfeffer

Den Backofen auf 200 Grad vorheizen.

Die Kartoffeln waschen, abtrocknen und mit einer Gabel rundum einstechen. Einzeln in Alufolie einwickeln und im Ofen 1 Stunde garen. Die Kartoffeln leicht abkühlen lassen, halbieren, das Fruchtfleisch mit einem Löffel aus den Schalen lösen und durch eine Kartoffelpresse drücken. Kartoffelmehl, Weizenmehl und Eigelb dazugeben und zu einem glatten Teig verkneten. Mit Salz, Pfeffer und Muskatnuss abschmecken. Je nach Kartoffelsorte brauchen Sie möglicherweise etwas mehr oder weniger Mehl als im Rezept angegeben. Nehmen Sie nur so viel, dass der Teig gut bindet und nicht mehr klebt. Die Arbeitsfläche mit wenig Mehl bestäuben und aus dem Teig mit bemehlten Händen 2 cm dicke Rollen formen. 2 cm breite Scheiben abschneiden und mit einem bemehlten Gabelrücken mit leichtem Druck über die Scheiben rollen, sodass feine Rillen entstehen. Die Gnocchi auf ein mit Grieß bestreutes Brett legen, bis der ganze Teig aufgebraucht ist. Anschließend portionsweise in siedendem Salzwasser garen; wenn sie an die Oberfläche steigen, mit einem Schaumlöffel herausnehmen und im Ofen warm halten.

Für die Sauce die Tomaten überbrühen, häuten, die Kerne entfernen und das Fruchtfleisch fein würfeln. Die Petersilie waschen, trocken schleudern, die Blättchen abzupfen und fein schneiden. Die Pfifferlinge putzen, Schalotten und Knoblauch schälen und fein würfeln. Das Öl in einer großen Pfanne erhitzen. Die Pilze darin kräftig anbraten und leicht salzen. Wenn die Flüssigkeit verdampft ist, die Pilze herausnehmen und beiseite stellen. Die Temperatur reduzieren. Knoblauch und Schalotten ins Bratfett geben und glasig andünsten. Mit Gemüsebrühe und Sahne auffüllen und etwas einköcheln lassen. Pfifferlinge, Tomatenwürfel und Petersilie dazu geben und mit Zitronensaft, Salz, Pfeffer und geriebener Zitronenschale abschmecken. Die Sauce über die Gnocchi gießen und sofort servieren.

Gnocchi nach diesem Rezept werden besonders zart und fluffig. Da die Kartoffeln sich nicht wie beim herkömmlichen Garen in Wasser mit Flüssigkeit vollsaugen, brauchen sie weniger Mehl und werden umso lockerer und leichter.

Gnocchi alla romana

Für vier Personen

400 ml Milch

Salz, Pfeffer, Muskat

125 g Hartweizengrieß

2 Eigelbe

20 g Butter

50 g frisch geriebener Parmesan

3 Esslöffel Butterschmalz zum Ausbacken

Die Milch aufkochen, mit Salz, Pfeffer und Muskat würzen. Den Grieß einrieseln lassen und unter Rühren kochen, bis sich am Boden ein dünner, weißer Film bildet. Den Topf vom Herd nehmen, Eigelbe, Butter und Parmesan unterheben. Ein Backblech einölen, die Grießmasse 1 cm dick darauf ausstreichen, mit Folie abdecken und mindestens 2 Stunden abkühlen lassen.

Einen 5 cm großen Ausstechring oder ein Glas mit Öl bepinseln und Kreise aus dem Teig ausstechen. Das Butterschmalz in einer Pfanne erhitzen und die Gnocchi portionsweise goldgelb ausbacken, bis zum Servieren in Backofen warm halten.

Käsespätzle

Für sechs Personen

500 g Mehl

5 Eier

200 ml Wasser

1 Teelöffel Salz

300 g geriebener Käse,
z. B. Emmentaler

3 Zwiebeln

1 Bund glatte Petersilie

4 Esslöffel Sonnenblumenöl

100 g Butter

Pfeffer

Mehl, Eier, Wasser und Salz in einer Schüssel vermengen und zu einem glatten Teig schlagen. Nehmen Sie eine große Schüssel, damit Sie genügend Luft in den Teig schlagen können. Traditionalisten schlagen den Teig mit den Händen, Modernisten nehmen einen Kochlöffel mit Loch. Sobald der Teig Blasen schlägt und langsam und zäh vom Löffel fließt, hat er die richtige Konsistenz. Ansonsten noch etwas Wasser oder Mehl zugeben.

Den Topf mit Wasser füllen und zum Kochen bringen, reichlich Salz dazugeben. Das Spätzlebrett und den Schaber zum Anfeuchten kurz ins heiße Wasser tauchen. Etwa zwei Esslöffel Teig auf das Brett geben und mit dem Schaber glatt streichen. Mit raschen Bewegungen kleine Streifen vom Teig direkt in das kochende Wasser schaben. Wenn die Spätzle vom Topfboden aufsteigen und an der Oberfläche schwimmen, mit einem Schaumlöffel herausheben und im bereitgestellten Sieb abtropfen lassen.

Den Vorgang wiederholen, bis der Teig aufgebraucht ist. Zwischendurch den Schaber und das Brett immer wieder von Teigresten befreien.

Den Backofen auf 180 Grad vorheizen.

Die Spätzle abwechselnd mit dem Käse in eine gebutterte Auflaufform schichten. Mit Spätzle beginnen und mit Käse abschließen. Die Spätzle im heißen Ofen 15 Minuten backen. In der Zwischenzeit die Zwiebeln schälen und in kleine Würfel schneiden. Die Petersilie waschen, trocken schleudern und die Blättchen fein hacken. Die Zwiebeln im heißen Öl glasig anbraten, die Butter dazu geben und goldbraun werden lassen. Die Form aus dem Ofen holen, die Zwiebelschmelze über den Spätzle verteilen, Pfeffer darüber mahlen und mit der Petersilie bestreuen. Dazu passt ein Kopfsalat mit vielen frischen Kräutern.

Wenn Sie mit der Schaberei vom Brett nicht zurechtkommen, können Sie auf Spätzlepresse oder Knöpflesieb zurückgreifen. Allerdings macht das Schaben schon verdammt viel Spaß.

Pizzoccheri *Volker Scheef, Käse-Scheef und Käs-Maier*

Für vier Personen

300 g Buchweizennudeln „Pizzoccheri"

4 Kartoffeln

200 g Wirsing

150 g Bergkäse, am besten gut gereifter Rohmilch-Fontina

150 g Parmesan

2 Knoblauchzehen

1 kleiner Strauß Salbei

2 Esslöffel Olivenöl

100 g Butter

Salz, Pfeffer, Muskat

Den Backofen auf 180 Grad vorheizen.

Die Kartoffeln in 2 cm große Würfel schneiden. Den Wirsing waschen und in 1 cm breite Streifen schneiden. Den Bergkäse klein würfeln, den Parmesan reiben. Die Knoblauchzehen schälen und in feine Scheiben schneiden. Die Salbeiblättchen abzupfen.

Die Kartoffelwürfel, die Pizzoccheri und die Wirsingstreifen zusammen in reichlich Salzwasser etwa 10 bis 12 Minuten kochen, bis Gemüse und Nudeln gar sind. Mit einem Schaumlöffel aus dem Topf holen und in einem Sieb abtropfen lassen. Eine Hälfte in eine gebutterte Auflaufform geben, jeweils die Hälfte der beiden Käsesorten darauf verteilen. Den Rest darüber schichten und mit dem restlichen Käse bestreuen.

Die Butter in einer Pfanne schmelzen, den Knoblauch und die Salbeiblätter bei milder Hitze braten und über die Pizzoccheri gießen. Die Auflaufform für 5 Minuten auf der mittleren Schiene in den heißen Ofen schieben. Vor dem Servieren mit frisch gemahlenem Pfeffer und etwas Muskat bestreuen.

Pizzoccheri sind breite Bandnudeln aus der nordlombardischen Provinz Valtellina (Veltlin). Dort werden sie aus Buchweizen- und Weizenmehl selbst hergestellt und mit Wirsing, Kartoffeln, Käse und viel Butter serviert. Wie viele traditionelle alpine Gerichte ist es einfach und fleischlos, kombiniert aber phantasievoll und schmackhaft die wenigen Naturprodukte eines armen Bergtals. Die Pizzoccheri sind in der Lombardei so berühmt, dass sich eine Teigwarenfabrik ihrer angenommen hat und sie maschinell herstellt. Dank der stark gewachsenen Nachfrage nach diesen Convenience-Nudeln reicht die eigene Buchweizenproduktion nicht mehr aus und das Getreide muss mittlerweile aus Russland importiert werden. Wenn Sie die Pizzoccheri selbst herstellen wollen: einfach aus 200 g Buchweizenmehl, 200 g Weizenmehl, 2 Eiern, etwas Salz und etwa 200 ml Wasser einen Nudelteig kneten, nach mindestens einstündiger Ruhezeit ausrollen und in 5 cm lange und 1 cm breite Nudeln schneiden.

Pakistan 1977: Der Medizinstudent Nisar Ahmad verlässt seine Heimat. Zuvor hatte General Zia ul-Haq einen Militärputsch inszeniert und das Land an den Rand eines Bürgerkriegs gebracht. Die politisch unsicheren Universitäten wurden geschlossen und viele Menschen verhaftet. Nisar Ahmad floh über Afghanistan, Iran, Türkei und England nach Deutschland. Er landete am Ende in Stuttgart, machte Karriere bei einem Buchgroßhändler und gewann mit seinen Kochkünsten das Herz seiner heutigen Frau Waltraud. Seit 1993 offeriert das Ehepaar Ahmad in der Markthalle „die ganze Welt auf 15 Quadratmetern". Tatsächlich findet man im Asiamarket Spezialitäten aus aller Welt auf engstem Raum, kunstvoll geschichtet und gestapelt: 23 Linsensorten, 21 Bohnensorten, 18 verschiedene Salze, 23 Pfefferarten und 30 Reissorten. „Wir führen Reis aus mehr als zehn Ländern", sagt Waltraud Ahmad, „sogar grünen Reis aus Vietnam. Der schmeckt süßlich und passt sehr gut zu Fisch. Bei uns zu Hause kommt fast jeden Tag Reis auf den Tisch. Entweder als Beilage zu Fisch und Gemüse oder als Hauptgericht wie einem Curry." Sie mag am liebsten den langkörnigen, besonders aromatischen Basmati-Reis. Nisar Ahmad rät, Reis vor dem Kochen in einem Sieb unter fließendem Wasser abzuspülen, bis das Wasser klar ist. Zum Kochen nimmt er eineinhalb Tassen Wasser auf eine Tasse Reis und köchelt ihn so lange, bis nur noch eine dünne Schicht Wasser übrig ist. Dann lässt er ihn zugedeckt zwanzig Minuten auf der ausgeschalteten Herdplatte ziehen. Wichtig dabei: „Man darf den Reis während des Kochens nicht rühren, sonst wird er matschig." Im Asiamarket gibt es sämtliche Kräuter und Gewürze des indischen Subkontinents, aus Thailand, China, Japan, Korea und Vietnam und viele Spezialitäten aus Süd- und Lateinamerika, Afrika und den arabischen Ländern. Für Pasten, Tees und Öle, Säfte und Sirup, Räucherstäbchen und Kosmetik, Kochbücher und Kochzubehör wurde ebenfalls noch Platz gefunden. Ein Eckchen ist für die Zutaten, die für eine ayurvedische Ernährung gebraucht werden, reserviert. Nisar Ahmad ist besonders in der Kräuter- und Gewürzküche bewandert. Die schmeckt nicht nur sehr gut, erklärt er, sondern hat in bestimmten Verbindungen auch eine heilende Wirkung. Er wundert sich noch immer über die deutsche Küche, die seiner Meinung nach mit erstaunlich wenigen Gewürzen auskommt. Wer seine Meinung teilt und sich intensiver mit der asiatischen Küche beschäftigen möchte, kann einen Kochkurs bei Nisar Ahmad buchen.

Waltraud und Nisar Ahmad gaben uns die Rezepte für „Schwarzer Reis mit Trüffel" auf der nächsten Seite und „Salat aus Belugalinsen mit Flusskrebsen" auf Seite 57.

Schwarzer Reis mit Trüffel *Nisar und Waltraud Ahmad, Asiamarket*

Für vier Personen

300 g schwarzer Venere-Reis
aus dem Piemont

1 Zwiebel

1 Knoblauchzehe

1 cm frischer Ingwer

1 Rote Bete

1 Karotte

1 Esslöffel Olivenöl

300 ml Gemüsebrühe

250 ml trockener Weißwein

Salz, Pfeffer, Muskat

30 g Butter

80 g Parmesan

Trüffel je nach Angebot und
Geldbeutel, am besten eignet
sich die weiße Trüffel

Den schwarzen Reis in 2 l leicht gesalzenem Wasser 15 Minuten kochen, abschütten und gut abtropfen lassen.

Die Gemüse schälen und fein würfeln. Das Olivenöl in einem weiten Topf erhitzen und die Gemüsewürfel andünsten, Ingwer und Knoblauch zum Schluss dazu geben, damit sie nicht verbrennen. Den Reis zum Gemüse geben. Den Wein angießen und einkochen lassen, die Gemüsebrühe portionsweise zugießen und unter gelegentlichem Umrühren immer wieder einkochen lassen. Nach etwa 30 Minuten sollte der Reis gar sein, aber noch Biss haben. Mit Salz, Pfeffer und Muskat würzen und die Butter und den Parmesan unterziehen. Den Reis auf Tellern anrichten und mit dem Trüffelhobel feine Trüffelscheiben drüberhobeln.

Schwarzer Reis stammt ursprünglich aus China und wird seit 1997 auch in Italien unter dem Namen Riso Venere oder Venusreis in der Poebene kultiviert. Der Reis ist nur entspelzt und nicht wie üblich geschliffen. Daher braucht er zum Garen viel länger, bleibt kochfest und behält einen knackigen Biss. Sein Duft, der an frisch gebackenes Brot erinnert, wird durch die Wärme beim Kochen noch verstärkt.

Als beste schwarze Trüffeln gelten die Périgord-Trüffeln. Sie reifen von November bis März, sind unregelmäßig rund und nuss- bis faustgroß. Sie sind tiefschwarz, ihr Fleisch hat einen Stich ins Violette und ist mit feinen, weißen Adern marmoriert. Sie wächst hauptsächlich in Mittel- und Südfrankreich sowie in Nord- und Mittelitalien. Die schwarze Trüffel hat sehr viel Geschmack, aber weit weniger Duft als die weiße Trüffel. Da der Geschmack sich durch Erhitzen nicht verflüchtigt, eignet sich die schwarze Trüffel vorzüglich zum Mitkochen.

Die „Weiße Alba-Trüffel" oder auch „Weiße Piemont-Trüffel" ist die teuerste aller Trüffeln. Sie reift zwischen Oktober und Ende Dezember und kann die Größe eines Apfels erreichen. Sie wächst in Norditalien, im Périgord und in der Drôme in Frankreich. Sie hat weiß marmoriertes Fruchtfleisch und ihr Duft ist von durchdringender Intensität. Da der Geruch sich beim Erhitzen verflüchtigt, wird die weiße Trüffel niemals mitgekocht, sondern nur bei Tisch über das fertige Gericht gehobelt.

Risotto mit grünem Spargel

Für vier Personen

1 Bund grüner Spargel,
etwa 500 g

2 Schalotten

5 Esslöffel Butter

Salz, Zucker

300 g Risottoreis

100 ml Weißwein

50 g Parmesan

Für die Spargelbrühe das untere Drittel der Spargelstangen schälen. Die Enden zwei Finger breit abschneiden, mit dem Messerrücken etwas andrücken und zusammen mit den Spargelschalen in einen Topf geben, knapp mit Wasser bedecken und 10 Minuten kochen. Den Sud durch ein Sieb gießen und aufbewahren.

Die Spargelspitzen abschneiden und beiseite legen, die restlichen Stangen klein schneiden. 1 Schalotte schälen und fein schneiden. In einem Topf 1 Esslöffel Butter erhitzen, die Schalotte glasig dünsten, die Spargelstücke dazugeben, salzen, mit einer Prise Zucker bestreuen und 1,5 l Wasser aufgießen. Einmal aufkochen und die Brühe etwa 15 Minuten leise köcheln lassen. Durch ein Sieb gießen und die Brühe auffangen.

Die zweite Schalotte schälen, klein schneiden und in 1 Esslöffel Butter andünsten. Den Reis dazugeben und kurz mitrösten, bis er glasig wird. Mit dem Weißwein ablöschen und einkochen lassen. Den Sud aus den Spargelschalen angießen und ebenfalls einkochen lassen. Nach und nach die warme Spargelbrühe zugeben und immer wieder unter Rühren einkochen lassen, bis der Reis cremig wird und dennoch Biss hat. Je nach Sorte braucht der Reis 20 bis 30 Minuten, bis er perfekt ist.

Nebenher die Spargelspitzen 2 Minuten in kochendem Wasser blanchieren, herausheben, gut abtropfen lassen und in einer Pfanne in 1 Esslöffel zerlassener Butter kurz schwenken, mit Salz und Pfeffer würzen.

30 g Parmesan reiben und mit der restlichen Butter unter den Reis ziehen. Den Risotto ein paar Minuten ruhen lassen. Mit den Spargelspitzen servieren, restlichen Parmesan in Spänen drüberhobeln.

Polentagratin

Für vier Personen

1 l Fleisch- oder Gemüsebrühe
Rezept Seite 68

200 g Maisgrieß

1 Zwiebel

150 g gekochter Schinken, in
Scheiben geschnitten

50 g Butter

500 g Hackfleisch

2 Esslöffel Tomatenmark

200 ml Rotwein

1 Teelöffel getrockneter
Thymian

1 Lorbeerblatt

Salz, Pfeffer

150 ml Sahne

100 g geriebener Bergkäse

Butterflöckchen

Die Brühe aufkochen und den Maisgrieß einrieseln lassen. Unter ständigem Rühren etwa 30 Minuten köcheln.
Den Backofen auf 180 Grad vorheizen.

Die Zwiebel schälen und fein würfeln. Den Schinken in Streifchen schneiden. Die Butter in einer Pfanne erhitzen und die Zwiebel glasig dünsten. Schinken, Hackfleisch und Tomatenmark dazu geben und gut anbraten. Mit Rotwein ablöschen und mit Thymian, Lorbeerblatt, Salz und Pfeffer würzen. Die Sauce kräftig kochen lassen. Wenn der Wein eingekocht ist, die Sahne angießen.

Eine Auflaufform mit Öl ausstreichen, den gekochten Maisbrei hineingeben und glatt streichen. Die Fleischsauce gleichmäßig darauf verteilen. Den Käse darüber streuen und Butterflöckchen darauf verteilen. Den Gratin im heißen Backofen etwa 25 Minuten überbacken.

Geschmorte Artischocken in Rotwein

Für vier Personen

8 kleine Artischocken

9 Esslöffel frisch geriebene Semmelbrösel

Salz, Pfeffer

6 Esslöffel Olivenöl

2 Schalotten

2 Esslöffel Tomatenmark

10 Kirschtomaten

200 ml Rotwein

Den Backofen auch 180 Grad vorheizen.

Die Artischocken großzügig putzen, damit Sie beim Essen keine strohigen Stücke zerkauen müssen. Die harten Außenblätter abbrechen, die Stiele dünn schälen. Das obere Drittel der Blätter mit einem scharfen Messer um ein Drittel kürzen. Die Blüten halbieren und das Heu, falls sich schon welches gebildet hat, mit einem kleinen, spitzen Küchenmesser entfernen.

Die Semmelbrösel mit Salz, Pfeffer und 4 Esslöffeln Olivenöl zu einer festen Masse verrühren und die Artischockenhälften damit bestreichen. Die Schalotten schälen und fein würfeln.

Das restliche Olivenöl in einem Bräter mit Deckel erhitzen, die Schalottenwürfel anschwitzen, das Tomatenmark dazugeben und kurz anrösten. Tomaten und Artischocken dazugeben, kurz schmoren lassen und dann mit Rotwein ablöschen.

Den Bräter zudecken und das Gemüse 30 Minuten im Backofen schmoren lassen, bei Bedarf noch etwas Wein nachgießen. Die Artischocken zum Schluss circa 5 Minuten unter den Backofengrill stellen, bis die Kruste schön braun ist. Die Artischocken passen ausgezeichnet zu kurz gebratenem Fisch oder Fleisch, mit Weißbrot serviert sind sie eine leckere Vorspeise.

Junger Spinat in Thymian-Senf-Rahm

Für vier Personen

1 kg junger Spinat

3 Schalotten

1 Knoblauchzehe

3 Stängel Thymian

1 Esslöffel Butter

100 ml Weißwein

200 g Crème fraîche

200 ml Gemüsebrühe

2 Teelöffel körnigen Senf

1 Teelöffel Ahornsirup

Salz, Pfeffer, Muskat, Piment d'Espelette

Den Spinat verlesen, waschen und gut abtropfen lassen. Die Schalotten und die Knoblauchzehe schälen und fein würfeln. Die Thymianblättchen abzupfen. Die Butter in einem Topf erhitzen, die Schalotten- und Knoblauchwürfel glasig andünsten und mit dem Weißwein ablöschen. Die Crème fraîche einrühren und die Brühe angießen. Etwas einkochen lassen, mit Senf, Thymianblättchen, Ahornsirup, Salz, Pfeffer, Muskatnuss und Piment d'Espelette würzen.

Den Spinat in die Sauce geben, umrühren, zusammenfallen lassen und mit Salz und Pfeffer abschmecken. Den Spinat leicht einköcheln lassen, wenn er zu trocken ist, etwas Brühe angießen. Der Spinat passt zusammen mit Stampfkartoffeln vorzüglich zu pochierten Eiern, Fisch oder Kalbsleber.

Ofenratatouille

Für vier Personen

**je 1 gelbe und
1 grüne Zucchini**

2 kleine Auberginen

**500 g reife, aromatische
Tomaten**

je 1 rote und 1 gelbe Paprika

2 rote Zwiebeln

2 Knoblauchzehen

1 Chilischote

2 Thymianzweige

100 ml Olivenöl

Den Backofen auf 180 Grad vorheizen.

Die Gemüse waschen und putzen. Zucchini, Auberginen und
Tomaten in 2 cm große Würfel schneiden. Paprika halbieren,
Kerne und Trennwände entfernen und das Fruchtfleisch in 2 cm
große Quadrate schneiden. Zwiebeln und Knoblauch schälen,
Zwiebeln längs in Streifen schneiden, Knoblauchzehen in feine
Scheiben schneiden. Chilischote längs halbieren, Kerne und
Trennwände herausschneiden und das Fruchtfleisch fein würfeln.
Thymianblättchen abzupfen. Die Gemüse in einer großen,
flachen Auflaufform oder auf einem Backblech verteilen, salzen
und pfeffern und das Olivenöl drübergießen. Mit den Händen
gründlich vermischen, Thymianblättchen drüberstreuen, in den
heißen Ofen schieben und etwa 45 Minuten backen.

Die Ofenratatouille passt heiß oder lauwarm zu gegrilltem
Fleisch oder Fisch. Abgekühlt, mit Aceto balsamico und Olivenöl
angemacht und zusammen mit gebackenem Ziegenkäse oder
Mozzarella serviert, ist sie eine schöne sommerliche Vorspeise.

Geschmorter Fenchel *Caterina Fortino, Zum Fruchtkorb*

Für vier Personen

4 Fenchelknollen

2 Tomaten

2 Schalotten

2 Knoblauchzehen

4 Zweige Thymian

2 Teelöffel Fenchelsamen

4 Esslöffel Olivenöl

60 ml trockener Weißwein

60 ml Wasser oder Gemüsebrühe

1 Schuss Pastis

1 Teelöffel Honig

Salz, Pfeffer

Die Fenchelknollen waschen und putzen, der Länge nach achteln, den Strunk entfernen, aber nur so weit, dass die Stücke noch zusammenhängen. Das Fenchelgrün beiseite legen.

Die Tomaten mit kochendem Wasser kurz überbrühen, häuten, halbieren, die Kerne herauskratzen und das Fruchtfleisch würfeln. Die Schalotten und den Knoblauch schälen, den Knoblauch fein hacken, die Schalotten halbieren und in nicht zu dünne Streifen schneiden. Die Thymianblättchen abzupfen. Die Fenchelsamen im Mörser leicht andrücken. Fenchel und Fenchelsamen in einer großen Pfanne im heißen Öl von beiden Seiten anbraten. Schalotten, Knoblauch und Thymian dazugeben und kurz mitbraten. Tomatenwürfel, Weißwein, Gemüsebrühe, Pastis und den Honig zugeben und mit Salz und Pfeffer abschmecken. Den Fenchel zugedeckt bei schwacher Hitze etwa 20 bis 30 Minuten schmoren, bis die Flüssigkeit zu einem sämigen Sud eingekocht ist. Zum Schluss das fein geschnittene Fenchelgrün drüberstreuen.

Wenn Sie den Fenchel als Vorspeise reichen, servieren Sie am besten Weißbrot dazu, um die herrlich würzige Sauce aufzutunken. Wer mag, kann einige Parmesanspäne drüberhobeln oder ein paar Scheiben luftgetrockneten Schinken oder Salami dazu servieren.

Als Beilage passt der geschmorte Fenchel ideal zu kurzgebratenen Fischfilets oder Fleisch.

Bei Christina Burkhardt und Caterina Fortino gibt es fast alles, was aus dem Boden sprießt oder an Zweigen wächst. Lila Vitelotte-Kartoffeln, Mesclun-Salat mit essbaren Blüten, Borretana-Zwiebeln aus dem Veneto, Schwarzkohl und Cima di Rapa, Radicchio di Castelfranco, Peperoni in allen Schärfegraden, rote Tropea-Zwiebeln, weiße und schwarze Trüffel aus dem Piemont, schwarze aus dem Périgord und neue Salatzüchtungen in singlegerechter Größe. Auch die raren Gaishirtle, eine außerhalb Schwabens kaum bekannte, walnussgroße Sommerbirne mit zimtartigem Geschmack und zarter Schale, die es nur knapp vier Wochen im Jahr gibt und von ihren Liebhabern schon lange vorher sehnsüchtig erwartet wird.

Caterina, die schwäbische Italienerin, ist seit 1967 in Deutschland. Ihre Eltern waren zuerst ohne sie aus dem kalabresischen Tropea nach Stuttgart gekommen und holten die kleine Tochter später nach – man wollte erst mal abwarten, was einen in Deutschland erwartete. Nach der Schule lernte sie Frisörin, wechselte aber schon bald vom Salon in die Markthalle. Eine ihrer besten Kundinnen war Christina Burkhardt. Sie sprachen oft darüber, wie gerne sie einen eigenen Obst- und Gemüsestand eröffnen würden. 2006 war die Chance da und sie griffen zu. Christina ist nachmittags „Im Fruchtkorb", Caterina morgens. Davor fährt sie in die Großmarkthalle, prüft das Angebot und kauft ein, was ihrem kritischen Blick standhält. „Anfangs hatte ich es schwer, mich durchzusetzen, das Einkaufen in der Großmarkthalle war eine männliche Domäne und Frauen wurden nicht immer ernst genommen", erinnert sie sich. „Heute gibt es viel mehr Frauen dort und wir haben es leichter." Nachmittags widmete sich die allein erziehende Mutter ihren drei Kindern, die mittlerweile erwachsen sind.

Andrea Loru, „Chef-Verkäufer" mit ansteckend guter Laune, ist leidenschaftlicher Koch und liefert sich mit Caterina nicht ganz ernst gemeinte Wortgefechte über Rezeptdetails oder Zubereitungsmethoden. Er kam in Deutschland zur Welt und ist in Sardinien groß geworden. Seine Eltern wollten nur einige Jahre in Deutschland arbeiten und ließen deshalb den Sohn bei der Großmutter im sardischen Villacidro aufwachsen. Er fühlt sich halb sardisch, ein Viertel deutsch und ein Viertel schwäbisch.

Christinas Steckenpferd sind Hausrezepte zur Behandlung kleiner Beschwerden und Unpässlichkeiten. „Kapuzinerkresse ist gut für die Nieren", erklärt sie, „Manna wirkt entgiftend und abführend und Topinambur senkt den Cholesterinspiegel." All diese wunderbaren Pflanzen und Kräuter kann man bei ihr kaufen – samt ausführlicher Tipps für die Anwendung. Caterina hat hunderte italienische Rezepte im Kopf und inspiriert ihre Kunden, auch mal weniger bekannte Gemüsesorten zu probieren. Zum Beispiel Cimata, die Sprossen des Löwenzahns, die ein bisschen an grünen Spargel erinnern. Das Wintergemüse schmeckt leicht bitter und wird roh im Salat gegessen oder in Olivenöl gebraten, mit Knoblauch, Peperoncini und klein geschnittenen Datteln. Ebenfalls im Winter reifen die wunderbaren Cedri-Zitronen aus Amalfi. Sie sind vier bis fünf Mal so groß wie normale Zitronen und haben kaum Fruchtfleisch, dafür eine extrem dicke Schale mit zarter Konsistenz und feinem Zitronenaroma. Sehr dünn geschnitten kann man sie als Carpaccio mit Olivenöl, Balsamico und Parmesanspänen oder gebratenen Garnelen essen. Unbedingt probieren!

Christina Burkhardt verdanken wir das Rezept für „Kartoffelsalat aus Vitelotte und Bamberger Hörnchen" auf Seite 56, von Andrea Loru kommen die Rezepte für „Minestrone" auf Seite 68 und „Culingionis alla Villacidrese – Nudeltaschen mit Ricotta" auf Seite 92. Caterina Fortino hat uns die Rezepte für „Geschmorte Borettana-Zwiebeln" auf Seite 17, „Geschmorter Fenchel" auf Seite 115 und „Parmigiana di melanzane: Auberginenauflauf" auf Seite 125 überlassen.

Spargel im Ofen gegart

Für vier Personen

160 g Butter

½ Bund glatte Petersilie

32 dicke, gleich große Spargelstangen

Salz, Zucker

Alufolie

Den Backofen auf 200 Grad vorheizen.

Die Butter in einem kleinen Pfännchen schmelzen. Die Petersilie waschen, trocken schleudern, die Blättchen abzupfen und fein schneiden. Den Spargel schälen, die Enden großzügig abschneiden. Jeweils 8 Stangen auf zwei große, übereinander gelegte Bögen Alufolie legen. Mit Salz und wenig Zucker würzen und mit der Butter begießen. Die beiden Folien jeweils nacheinander über dem Spargel schließen und gut zusammenfalzen. Die Päckchen auf ein Backblech setzen und auf der unteren Schiene im heißen Backofen 40 bis 45 Minuten garen, je nach Dicke der Spargelstangen.

Den Spargel vor dem Servieren kurz ruhen lassen, die Päckchen auf die Teller legen, die Folie öffnen und die Petersilie drüberstreuen.

Diese Garmethode garantiert Spargelaroma pur. Nichts von dem feinen Spargelgeschmack geht an das Kochwasser verloren, er bleibt in den dicht verschlossenen Päckchen erhalten. Beim Öffnen der Folienpakete entfaltet sich ein köstlich karamelliger Duft. Eine Wucht!

„Seit 26. Juni 1989", antwortet Bernd Walker wie aus der Pistole geschossen auf die Frage, wie lange er schon in der Markthalle ist, und bezeichnet sich selbstironisch als Urgestein. Gerade 23 Jahre war er alt, als er als jüngster Chef in der Markthallengeschichte seinen Stand eröffnete. Seine Oma hatte ihm kurz vorher ein Grundstück vererbt, sodass er die nötigen Sicherheiten für den Bankkredit vorweisen konnte.

Zudem war Walker vom Fach – bereits in den Jahren davor arbeitete er als Filialleiter in einem Feinkosthandel. Mit der Umstellung vom Angestelltendasein auf eine 100-Stunden-Woche musste er sich erst anfreunden. Anders war der Job aber nicht zu bewältigen. Es wundert ihn nicht, dass immer weniger junge Leute Lust auf diesen Knochenjob haben: um halb zwei aufstehen, eine Stunde später im Großmarkt in Wangen Obst und Gemüse auswählen, das dann zwischen sechs und sieben am Marktstand aufgebaut wird. Früher gab es in der Halle zehn große und zwei kleine Obst- und Gemüsestände, heute sind es noch fünf. Auch die Stammkunden, die Hausfrauen und Rentner, die jeden Tag zur gleichen Zeit ihr frisches Gemüse einkaufen, sterben langsam aus. Die Klientel von heute kommt zwar immer wieder, aber nicht mehr regelmäßig. Die Lebensumstände erlauben es nicht, den immer gleichen Rhythmus einzuhalten, glaubt Walker. Trotzdem schätzt er den Anteil seiner Stammkunden auf 85 Prozent. Seiner Meinung nach liegt das am persönlichen Kontakt, den er mit seinen Kunden pflegt. „Gute Qualität hat heute jeder Stand in der Markthalle", sagt er, „keiner kann und will es sich leisten, zweitklassige Ware zu verkaufen."

Sein Standbein sind knackfrische Gemüse und Salate, heimische Früchte und Weine aus Stuttgart und Bietigheim. Exotische Früchte führt er auch, „das geht heute gar nicht anders." Den richtig guten regionalen Produkten aber gehört sein Herz. Deshalb freut er sich, dass heimische Gemüse voll im Trend liegen und fast ausgestorbene Sorten wieder geschätzt werden. Aber nicht nur die Ware zählt, genauso stark kommt es auf die menschliche Seite an, das kleine Schwätzchen mit dem Kunden, ein netter Scherz, die Frage nach dem Befinden. Dazu gehört auch, dass er immer selbst vor Ort ist.

Und seine Mitarbeiterinnen, die fast alle schon viele Jahre mit ihm arbeiten und die gute Atmosphäre am Stand ganz entscheidend beeinflussen. Sein persönliches Glück heißt Noah und kam im Sommer 2010 auf die Welt. Eine ganze Wand ist mit Fotos seines kleinen Sohnes und seiner Frau gepflastert. Noah hat es sogar geschafft, dass er ein paar Stunden weniger arbeitet.

Spargel mit Kratzete und Sauce Hollandaise

Bernd Walker Obst, Gemüse, exotische Früchte

Für vier Personen

Kratzete

3 Eier

180 g Mehl

300 ml Milch

Salz, Pfeffer, Muskat

Butterschmalz zum
Ausbacken

Spargel

1,5 kg weißer Spargel

1 Teelöffel Salz

20 g Butter

¼ Zitrone

1 gute Prise Zucker

8 Scheiben gekochter
Schinken

Sauce Hollandaise

200 g Butter

2 Eigelb

2 Esslöffel Gemüsebrühe

½ Zitrone

Salz, Pfeffer, Cayennepfeffer

Den Backofen auf 100 Grad vorwärmen. Den Spargel schälen, die holzigen Enden abschneiden. Für die Kratzete 1 Ei trennen und das Eiweiß mit einer Prise Salz zu Schnee schlagen. Das Eigelb und die beiden ganzen Eier mit dem Mehl, der Milch, Salz, Pfeffer und Muskat zu einem geschmeidigen, klümpchenfreien Pfannkuchenteig rühren und ½ Stunde quellen lassen. Den Schnittlauch waschen und in feine Röllchen schneiden. Eischnee und Schnittlauch vorsichtig unter den Teig heben. Butterschmalz in einer Pfanne erhitzen, ¼ des Teigs mit einer Schöpfkelle in die Pfanne geben; sobald der Teig an der Oberfläche zu stocken beginnt, den Pfannkuchen wenden und mit zwei Gabeln in nicht zu kleine Stücke zerreißen. Die Kratzete im Backofen warm stellen, aus dem restlichen Teig 3 weitere Kratzete backen und warm stellen.

Den Spargel in kochendem Salzwasser mit Butter, Zucker und Zitrone etwa 15 Minuten garen. Mit einem Schaumlöffel herausheben und auf einem Tuch abtropfen lassen.

In der Zwischenzeit für die Sauce Hollandaise die Butter in einem Pfännchen schmelzen, aufkochen und durch ein feines Sieb gießen. Eigelbe, Brühe und Zitronensaft in einer wasserbadtauglichen Schüssel, am besten in einer Metallschüssel mit rundem Boden, über einem leicht siedenden Wasserbad mit dem Schneebesen schaumig schlagen. Darauf achten, dass die Hitze moderat bleibt, weil sonst das Ei gerinnt. Der Eierschaum muss so viel Stand haben, dass er Spitzen zieht, wenn Sie den Schneebesen herausheben. Die geschmolzene, warme Butter erst tröpfchenweise, dann in dünnem Strahl unterrühren. Die Sauce mit Salz, Pfeffer und Cayennepfeffer abschmecken und über die Spargel träufeln. Mit Kratzete und Schinken servieren.

Selleriepüree

Für vier Personen

600 g Knollensellerie

40 g Butter

Salz, Pfeffer, Muskat

300 ml Mineralwasser

200 ml Schlagsahne

1 Esslöffel gesalzene Butter

Den Sellerie putzen, schälen und in 1 cm große Würfel schneiden. Die Butter in einem Topf zerlassen und die Selleriewürfel bei mittlerer Hitze etwa 5 Minuten dünsten. Salzen, das Mineralwasser angießen und das Gemüse zugedeckt circa 20 Minuten köcheln lassen. Den Sellerie mit dem Schneidstab fein pürieren, die Sahne angießen und bei milder Hitze 2 bis 3 Minuten erwärmen. Die gesalzene Butter mit einem Schneebesen unterrühren und mit Salz, Pfeffer und Muskat abschmecken.

Perfekte Bratkartoffeln mit Bibbeleskäs

Für vier Personen

1 kg festkochende Kartoffeln, z. B. Linda, Cilena, Selma oder auch La Ratte

100 ml Sonnenblumenöl oder 100 g Butter- oder Schweineschmalz

½ Bund glatte Petersilie

Salz, Pfeffer

2 Esslöffel gesalzene Butter

Für den Bibbeleskäs

500 g Quark

etwas Milch zum Glattrühren

2 Schalotten

½ Knoblauchzehe

½ Bund Petersilie

½ Bund Schnittlauch

¼ Bund Kerbel

Salz, Pfeffer, Paprikapulver

Kartoffeln am Vortag etwa 10 Minuten halb gar kochen. Sie sollten noch etwas Biss im Kern haben. Nach dem Kochen mit fließend kaltem Wasser abschrecken und pellen. Mit Klarsichtfolie bedeckt über Nacht kühl stellen.

Für den Bibbeleskäs den Quark mit etwas Milch glatt rühren. Die Zwiebeln schälen und in feinste Würfel schneiden. Den Knoblauch sehr fein hacken. Die Kräuter waschen, trocken schleudern, die Blättchen abzupfen und fein hacken. Den Quark mit den Kräutern und dem Knoblauch gut verrühren und mit Salz, Pfeffer und Paprika abschmecken.

Die Kartoffeln in 1 cm dicke Scheiben schneiden. Die Petersilie waschen, trocken schleudern, die Blättchen abzupfen und fein hacken. Eine große, beschichtete Pfanne auf zwei Drittel der maximal erreichbaren Stärke erhitzen, dann etwas Öl oder Schmalz dazugeben. Den Rest des Öls erst bei Bedarf zugeben. Die Kartoffelscheiben nebeneinander in die Pfanne legen, alle Scheiben müssen Kontakt zum Pfannenboden haben. Leicht mit Salz und Pfeffer würzen und braten, bis sich eine goldbraune Kruste bildet. Die Scheiben einzeln wenden und wieder salzen und pfeffern. Wenn die Kartoffeln auf beiden Seiten kross sind, auf kleiner Hitze etwa 5 Minuten weiterbraten lassen, dabei gelegentlich rütteln. Die gesalzene Butter nach und nach in kleinen Flöckchen zugeben. Zum Schluss mit Salz und Pfeffer abschmecken und mit der gehackten Petersilie bestreuen.

Die Bratkartoffeln schmecken auch mit Speck oder Zwiebeln köstlich. Dazu geben Sie die kleingeschnittenen Speck- und Zwiebelwürfel erst in die Pfanne, wenn die Kartoffelscheiben auf beiden Seiten braun sind. Als zusätzliche Gewürze passen Kümmel, Paprika oder Majoran.

Für perfekte Bratkartoffeln müssen nur wenige Regeln eingehalten werden: grundsätzlich festkochende Kartoffeln verwenden. Kartoffeln bei dreiviertelstarker Hitze in Öl, Butterschmalz oder Schweineschmalz braten. Eine beschichtete Pfanne mit dickem Boden verwenden. Kartoffeln immer nebeneinander braten, nie übereinander, bei größeren Mengen zwei Pfannen benutzen. Kartoffeln erst wenden, wenn sie auf einer Seite braun sind. Bewahren Sie Geduld und rühren oder wenden Sie die Kartoffeln nicht unnötig.

Ofengebackene Süßkartoffeln mit Erbsen, Zuckerschoten, Oliven und Mozzarella

Für vier Personen

4 große Süßkartoffeln

etwas Olivenöl

Salz, Pfeffer

2 Bund Frühlingszwiebeln

2 kleine rote Chilischoten

4 getrocknete Tomaten in Öl

300 g frische Erbsenschoten

200 g Zuckerschoten

etwas Zitronensaft

1 Esslöffel Olivenöl

2 Esslöffel Butter

2 Kugeln Büffelmozzarella

1 Bund Basilikum

Salz, Pfeffer

Den Backofen auf 180 Grad vorheizen.

Süßkartoffeln waschen, mit einer Gabel rundum einstechen, mit Öl, Salz und Pfeffer einreiben und in Alufolie einwickeln. Im heißen Ofen etwa 45 bis 60 Minuten garen, bis sie weich sind. Am besten piksen Sie mit einem spitzen Messer in die Kartoffeln, um zu prüfen, ob sie gar sind.

Die Frühlingszwiebeln putzen, waschen und die weißen und hellgrünen Teile in feine Ringe schneiden. Die Chilischote längs aufschneiden, entkernen und fein hacken. Die getrockneten Tomaten abtupfen und in Streifen schneiden. Die Erbsen aus den Schoten pulen. Die Enden der Zuckerschoten mit einem Messer abknipsen und entfädeln. Erbsen und Zuckerschoten in kochendem Wasser kurz blanchieren, abgießen und mit kaltem Wasser abschrecken. Die Zuckerschoten quer in drei Stücke schneiden. 1 Esslöffel Olivenöl in einer Pfanne erhitzen und alle vorbereiteten Gemüse kurz andünsten, mit Salz, Pfeffer und einem Spritzer Zitronensaft abschmecken.

Die Butter in einem kleinen Pfännchen langsam schmelzen. Die Büffelmozzarellas in kleine Stücke schneiden. Die Basilikumblättchen abzupfen und in feine Streifen schneiden. Die Süßkartoffeln aus dem Ofen holen, aus der Folie packen und kreuzweise einschneiden. Vorsichtig zusammendrücken, damit sie etwas aufplatzen. Das Fruchtfleisch mit der flüssigen Butter beträufeln und zuerst das Gemüse, dann die Mozzarellawürfel darüber verteilen. Mit Basilikum bestreuen.

Rosenkohl-Maronen-Gratin mit Fontinakäse

Für vier Personen

300 g Maronen

400 g Rosenkohl

1 Schalotte

40 g Butter

1 Teelöffel Zucker

¼ l Gemüsebrühe

Saft ½ Zitrone

100 g Fontinakäse

100 g Crème fraîche

Salz, Pfeffer, Piment d'Espelette

Den Backofen auf 200 Grad vorheizen.

Die Maronen kreuzweise einschneiden und im heißen Ofen ¼ Stunde garen. Aus dem Ofen nehmen, leicht abkühlen lassen und schälen.

Den Rosenkohl putzen und längs halbieren. Die Röschen 5 Minuten in kochendem Salzwasser garen, abgießen und mit sehr kaltem Wasser abschrecken, damit sie nicht mehr nachgaren. Die Schalotte schälen, in feine Würfel schneiden und in etwas Butter glasig dünsten. Eine Auflaufform mit Butter ausstreichen und die Schalottenwürfel darin verteilen.

In einer Pfanne 1 Esslöffel Butter schmelzen, den Zucker dazugeben und goldbraun karamellisieren lassen. Mit einem Schuss Brühe ablöschen und den Karamell darin auflösen. Die Maronen dazugeben und gut durchschwenken. Die Pfanne vom Herd ziehen, den Rosenkohl unterheben, alles mit Salz, Pfeffer, Zitronensaft und Piment d'Espelette würzen. Das Gemüse in die Auflaufform schichten.

Den Käse reiben. Die restliche Brühe mit Crème fraîche und dem geriebenen Käse verrühren und mit Salz und Pfeffer abschmecken. Die Käse-Sahne über den Rosenkohl gießen und einige Butterflöckchen darauf verteilen. Im heißen Ofen 20 Minuten überbacken.

Parmigiana di melanzane *Caterina Fortino, Zum Fruchtkorb*

uberginen waschen, den Stielansatz entfernen und die
chte längs in ½ cm breite Scheiben schneiden. Die Schei-
auf einen großen Teller oder eine Platte legen und mit Salz
treuen. 1 Stunde stehen lassen.

Basilikumblätter abzupfen und in feine Streifen schneiden.
oblauchzehen schälen und fein hacken. Tomaten kurz mit
hendem Wasser übergießen, häuten und die Kerne heraus-
en. Das Fruchtfleisch klein hacken und in einem Topf mit
Drittel des Basilikums, Salz, Pfeffer und dem Knob-
ei mäßiger Hitze zu einer sämigen Sauce kochen, dabei
zu umrühren.

kofen auf 175 Grad vorheizen.
In den Zwischenzeit die Auberginen unter fließendem Wasser abspülen und gründlich abtrocknen. In einer Pfanne reichlich Olivenöl erhitzen, die Scheiben portionsweise goldgelb
ausbacken und auf Küchenkrepp gut abtropfen lassen. Die
Mozzarella in Scheiben schneiden.

Eine feuerfeste Auflaufform einfetten und mit einer Lage
Auberginen auslegen, etwas Parmesan drüberstreuen. Einige
Scheiben Mozzarella darauf legen, mit Tomatensauce bedecken und Basilikum drüberstreuen. Mehrere Lagen in der
beschriebenen Reihenfolge einschichten, mit Tomatensauce
abschließen (2 Esslöffel Parmesan zum Überbacken übrig
lassen). Die Parmigiana in den heißen Ofen schieben und
40 Minuten backen. 10 Minuten vor Ende der Garzeit mit dem
restlichen Parmesan bestreuen. Die Parmigiana wird in Italien
nicht heiß, sondern lauwarm gegessen, sie schmeckt selbst
kalt ganz hervorragend.

Schon der Vater von Theresia Joos hatte einen Gemüsestand in der Markthalle. Er verkaufte hauptsächlich saisonale Produkte, wenn möglich aus der Region, und experimentierte im heimischen Garten an neuen Züchtungen. Ihre Mutter kochte Marmeladen, weckte Obst ein und machte aus dem Spitzkohl von der Filder Sauerkraut. Theresia Joos lernte als junge Frau lieber Fotolaborantin, als sich mit Obst und Gemüse zu beschäftigen. Als ihr Vater in Rente ging, war die Joos'sche Markthallenpräsenz fürs Erste beendet. Aber offenbar lässt die Markthalle ihre Kinder nicht so einfach los. Frau Joos' beste Freundin hatte einen Obst- und Gemüsestand vom Vater übernommen und dort half sie regelmäßig bei Engpässen und vor Feiertagen aus. Als die Freundin bald darauf der Liebe wegen auswanderte, war Theresia Joos' Interesse für Obst und Gemüse längst entflammt und sie übernahm den Stand. Das war 1982 und seitdem steht sie sechs Mal in der Woche gegen fünf Uhr auf, fährt in die Großmarkthalle, sucht ihre Ware aus, richtet ihren Stand her, berät ihre Kunden bis abends um halb sieben und räumt dann wieder alles zusammen. So kommt sie leicht auf eine 80-Stunden-Woche. Das ist ohne eine große Portion Hingabe für die Sache nicht zu schaffen. Manchmal sehnt sie sich nach ein bisschen mehr Freizeit oder einen Urlaub, aber der gute Kontakt zu ihren Stammkunden wiegt dieses Manko wieder auf. Die verlangen, wie schon beim Vater, überwiegend regionale Ware; wenn Frau Joos aber neue Produkte einführt, folgen sie gerne ihrer Empfehlung. Und wenn sie, wie bei der letzten „Langen Nacht" in der Markthalle, über hundert Portionen frische Ananas an ihre gutgelaunten Kunden verkauft, ist sie hinterher zwar hundemüde, aber auch glücklich über ihren anstrengend-schönen Beruf.

Theresia Joos' Rezept für Zwiebelkuchen finden Sie auf der folgenden Seite.

Zwiebelkuchen *Theresia Joos, Obst und Gemüse*

Für eine Tarteform
von 26 cm Durchmesser

Teig

200 g Mehl

1 Prise Salz

1 Ei

70 g kalte Butter

Füllung

12 mittelgroße Gemüse-
zwiebeln

100 g geräucherter
Bauchspeck

1 Stange Lauch

3 Esslöffel Öl

4 Eier

250 g Schmand

125 g Sahne

300 g geriebener, milder
Bergkäse

2 Messerspitzen gemahlener
Kümmel

Salz, Muskat, Pfeffer

Das Mehl auf die Arbeitsfläche häufen, eine Kuhle hineindrücken, das Ei und die Prise Salz in die Mitte geben. Die Butter in Flocken auf dem Mehl verteilen und mit möglichst kühlen Händen alles rasch zu einem Teig kneten. Nicht zu lange bearbeiten, weil sonst die Butter schmilzt und der Teig zäh wird. Bei Bedarf einige Tropfen kaltes Wasser untermischen. Den Teig zu einer Kugel formen, in Klarsichtfolie hüllen und eine Stunde in den Kühlschrank stellen.

Den Backofen auf 200 Grad vorheizen.

Die Zwiebeln schälen, längs halbieren und quer in Streifen schneiden. Den Speck in kleine Würfel schneiden. Den Lauch putzen, die welken Blätter entfernen, den oberen grünen Teil der Blätter abschneiden, den weißen Teil längs halbieren und die Hälften in feine Streifen schneiden. Das Öl in einer großen Pfanne erhitzen und die Zwiebelstreifen glasig andünsten. Die Pfanne vom Herd ziehen und den Lauch untermischen.

Eier, Schmand und Sahne mit einem Schneebesen verquirlen, den Kümmel dazugeben und mit Salz, Pfeffer und Muskat abschmecken. Den Käse und die gedünsteten Zwiebeln dazugeben und nochmals abschmecken.

Den Teig auf der bemehlten Arbeitsfläche 2 bis 3 mm dünn ausrollen und in die gefettete Tarteform legen, auch den Rand der Form auslegen. Die Zwiebelmasse einfüllen und mit dem gewürfelten Speck bestreuen. Im heißen Ofen auf der mittleren Schiene etwa 40 Minuten goldgelb backen.

Zucchinikuchen

Für vier Personen

500 g kleine Zucchini

50 g Butter

4 Stiele glatte Petersilie

4 Stiele Basilikum

2 Stiele Thymian

250 g Ricotta

100 g frisch geriebener Parmesan

4 Eier

Olivenöl

Semmelbrösel für die Form

Salz, Pfeffer

2 Esslöffel Pinienkerne

Den Backofen auf 180 Grad vorheizen.

Zucchini waschen, Enden abschneiden und die Früchte mit Schale grob raffeln. Butter in einer Pfanne sanft erhitzen und die Zucchinispäne bei niedriger Hitze 5 Minuten garen. In ein Sieb geben und mit einem Löffel die Flüssigkeit gut ausdrücken.

Petersilie und Basilikum waschen, Blättchen abzupfen und fein hacken, Thymianblättchen abzupfen. Ricotta, Parmesan, Eier und die Kräuter in einer Schüssel vermischen, die Zucchinispäne untermengen und mit Salz und Pfeffer würzen.

Eine Backform mit Olivenöl ausstreichen und gleichmäßig mit den Semmelbröseln bestreuen. Die Zucchinimasse einfüllen und die Pinienkerne gleichmäßig darauf verteilen. Die Form in den heißen Ofen schieben und den Kuchen etwa 35 Minuten backen. Der fluffig-cremige Kuchen gehört mit zum Leckersten was Zucchinis passieren kann.

Mangoldstrudel

Teig

300 g Weizenmehl Typ 405

¾ Teelöffel Salz

100 ml lauwarmes Wasser

1 Ei

2 Esslöffel Öl

Öl und Butter zum Bepinseln

Füllung

1 kg junger Mangold

4 Schalotten

3 Knoblauchzehen

2 Esslöffel Olivenöl

300 g Crème fraîche

2 Eier

200 g geriebener milder Käse

Salz, Pfeffer, Muskat

1 Tasse selbstgeriebene Semmelbrösel

Das Mehl in eine große Rührschüssel sieben. Das Salz im Wasser auflösen und über das Mehl gießen, Ei dazugeben. Mit den Knethaken etwa 5 Minuten rühren, bis der Teig glatt und elastisch ist. Den Teig zu einer Kugel formen, dünn mit Öl bestreichen und in Klarsichtfolie wickeln. Etwa 1 Stunde bei Zimmertemperatur mit einem Tuch bedeckt ruhen lassen. Danach den Teig mit einem Nudelholz auf einem großen, angewärmten, mit Mehl bestäubten Tuch gleichmäßig ausrollen. Nochmals ganz dünn mit Öl bepinseln. Mit beiden Händen, die Handrücken zeigen nach oben und die Finger sind gespreizt, zwischen den Teig und das Tuch fassen. Den Teig gleichmäßig über den Handrücken hin und her bewegen und dabei langsam papierdünn ausziehen. Die dicken Ränder des Teigs abschneiden, die Teigplatte mit flüssiger Butter bepinseln und auf dem Tuch ruhen lassen, bis die Füllung fertig ist.

Den Backofen auf 230 Grad vorheizen.

Den Mangold waschen. Die grünen Blätter von den Stielen schneiden und die Stiele in 1 cm breite Streifen schneiden. Die Blätter stapeln und ebenfalls in 1 cm breite Streifen schneiden. Schalotten und Knoblauch schälen und fein würfeln. Olivenöl in einem großen Topf erhitzen und die Schalotten glasig anschwitzen, Knoblauch dazugeben und kurz mitdünsten. Die noch feuchten Mangoldstiele dazugeben und unter Rühren 5 Minuten dünsten, die Blätter dazugeben und 2 Minuten mitdünsten. In ein Sieb geben und abtropfen lassen. Crème fraîche mit den Eiern und dem Käse verrühren und mit Salz, Pfeffer und Muskat kräftig abschmecken. Zum Mangold geben und gründlich verrühren, nochmals abschmecken. Den Strudelteig mit Semmelbröseln bestreuen und den Mangold gleichmäßig darauf verteilen, einen 2 cm breiten Rand freilassen. Den Teig mit Hilfe des Tuchs aufrollen. Dabei das Tuch straff anziehen und langsam anheben. Den Strudel auf ein mit Backpapier bedecktes Blech legen, die Enden etwas einschlagen, damit die Füllung nicht herausquellen kann. Die Oberfläche mit etwas flüssiger Butter bestreichen und den Strudel 10 Minuten backen, dann die Temperatur auf 200 Grad reduzieren und weitere 15 Minuten backen.

Kichererbseneintopf mit Chorizo und Chili-Knoblauchöl

Tanja Schuller, Chrisostomos Pantoulakis, El Mercado Espagnol

Für vier Personen

300 g getrocknete Kichererbsen

300 g Chorizo

4 kleine rote Zwiebeln

1 rote und 1 gelbe Paprikaschote

2 Zucchini

6 Esslöffel Olivenöl

1 Schuss Sherry Fino

400 g geschälte, stückige Tomaten in der Dose

125 ml Gemüsebrühe

Salz, Pfeffer

½ Bund Minze

½ Bund Basilikum

100 g Schafskäse

2 rote Chilischoten

4 Knoblauchzehen

Kichererbsen in eine Schüssel füllen, mit Wasser bedecken und über Nacht einweichen. Am nächsten Tag in ein Sieb abgießen, mit frischem Wasser in einen Topf füllen und aufkochen lassen. Deckel auflegen und die Kichererbsen bei mittlerer Hitze in 1 bis 1 ½ Stunden weich kochen. Danach durch ein Sieb abschütten und gut abtropfen lassen. Die Garzeit hängt vom Alter der Kichererbsen ab und auch davon, wie weich Sie sie mögen.

Die Chorizo in 5 cm große Stücke schneiden. Zwiebeln schälen und vierteln. Paprikaschoten waschen, halbieren, Trennwände und Kerne entfernen, das Fruchtfleisch in Streifen schneiden. Zucchini waschen, putzen und quer in 1 cm dicke Scheiben schneiden.

In einem Topf 2 Esslöffel Öl erhitzen. Die Chorizo 2 bis 3 Minuten scharf anbraten. Das vorbereitete Gemüse dazugeben und kurz anbraten, einen Schuss Sherry angießen und einkochen lassen. Tomaten und Brühe zum Gemüse gießen. Die Kicherersen untermischen und mit Salz und Pfeffer würzen. Deckel auflegen und 10 bis 12 Minuten bei mittlerer Hitze schmoren, bis das Gemüse bissfest ist.

In der Zwischenzeit Minze und Basilikum waschen und trocken schütteln, die Blättchen abzupfen und fein schneiden. Den Schafskäse fein zerkrümeln. Die Chilischoten waschen und in feine Ringe schneiden. Knoblauchzehen schälen und in dünne Scheiben schneiden. Das restliche Öl in einer kleinen Pfanne erhitzen, Chilis und Knoblauch darin 1 bis 2 Minuten bei mittlerer Hitze braten, aber nicht braun werden lassen. Die Schoten und den Knoblauch herausnehmen und wegwerfen. Die Kräuter bis auf einen kleinen Rest unter die Kichererbsen mischen. Alles in eine Schüssel füllen, das Chili-Knoblauch-Öl drübergießen und mit den restlichen Kräutern bestreuen.

Mit dem Schafskäse zusammen servieren.

Hohenloher Schweinebraten mit Biersauce

Gerhard Bachmann, Bäuerliche Erzeugergemeinschaft Schwäbisch Hall

Für vier Personen

2 Zwiebeln

1 kleine Stange Lauch

1 Karotte

1 Tomate

1 Stückchen Sellerie

etwas Selleriegrün

1 kg Schweinehals

1 Esslöffel Schweineschmalz

1 gehäufter Teelöffel Mehl

½ l Mohrenköpfle-Bier

Salz, Pfeffer

Zwiebeln schälen und fein schneiden. Lauch putzen und waschen, die weißen und hellgrünen Teile in feine Ringe schneiden. Karotte und Sellerie schälen und fein würfeln, Selleriegrün waschen und fein schneiden. Tomate waschen und klein schneiden.

Den Schweinehals salzen und pfeffern. Das Schmalz in einem Schmortopf erhitzen und das Fleisch etwa 15 Minuten auf allen Seiten kräftig anbraten und aus dem Topf nehmen. Das Gemüse, außer dem Selleriegrün, einige Minuten im Bratfett andünsten, mit Salz und Pfeffer würzen. Alles mit Mehl bestäuben und unter Rühren kurz mitbraten. Das Fleisch zurück in den Topf legen, Bier und so viel Wasser angießen, dass es zu drei Vierteln bedeckt ist. Die Flüssigkeit einmal aufkochen lassen und das Fleisch etwa 1 Stunde bei mittlerer Hitze schmoren. Zwischendurch wenden und bei Bedarf etwas Wasser oder Bier angießen. Die Sauce mit Salz und Pfeffer abschmecken und das Selleriegrün drüberstreuen.

Zum Schweinebraten gehören Spätzle – die laut Gerhard Bachmann keinesfalls geschabt, sondern durch die Spätzlepresse gedrückt werden müssen – und Kartoffelsalat, angemacht mit Brühe und einer kleinen, fein gehackten Zwiebel.

Wenn Sie außerhalb des Mohrenköpfle-Landes leben, können Sie den Braten mit einem anderen dunklen Bier mit hohem Malzgehalt schmoren.

Gerhard Bachmann ist Hohenloher und kann sehr anschaulich und unterhaltsam erzählen, ganz besonders eindrucksvoll von den Hohenloher Sturköpfen: „Nur ihnen haben wir es zu verdanken, dass es den Stand der Bäuerlichen Erzeugergemeinschaft Schwäbisch Hall in der Markthalle gibt." Dort kaufen qualitätsbewusste Esser das vorzügliche Fleisch vom Schwäbisch-Hällischen Schwein und müssen sich nicht mehr mit den hochgepeppten Turboschweinen aus Massentierhaltung zufrieden geben. In den fünfziger Jahren hatten die Mohrenköpfle, wie die Schweine wegen ihres schwarzen Hinterteils und Kopfs auch genannt werden, im Landkreis Schwäbisch Hall einen Marktanteil von sagenhaften 99,2 Prozent – 1970 waren sie praktisch ausgestorben. In einer Zeit, in der die Verbraucher nur noch mageres Fleisch verlangten, hatten die fetten Schwäbisch-Hällischen keine Chance mehr. Bis ein paar Bauern keine industriellen Einheitsschweine mehr produzieren wollten und die aussterbende Rasse zu neuem Leben erweckten. 1986 gründeten 17 Bauern in Hessental die „Züchtervereinigung

Schwäbisch-Hällisches Schwein". Inzwischen ist daraus die „Bäuerliche Erzeugergemeinschaft Schwäbisch Hall" hervorgegangen, eine Genossenschaft mit mehr als tausend Bauern und einem Jahresumsatz von 50 Millionen Euro. Auch Rinder der Marke Boeuf de Hohenlohe, Lammfleisch und Gänse werden heute angeboten.

Für die Zucht des Schwäbisch-Hällischen Schweins gibt es strenge Richtlinien und Haltungsbedingungen: Gentechnische Zuchtmethoden sind verboten, nur die gesündesten Schweine mit bester Fleischqualität kommen in die Zucht. Es dürfen nur Pflanzen gefüttert werden, die zu 80 Prozent aus Baden-Württemberg kommen und Tiertransporte sind nur bis zum Schlachthof in Schwäbisch Hall erlaubt. Ebenso strenge Richtlinien gelten für die Wurst, die im sogenannten Warmwurstverfahren hergestellt wird. Die sofortige Verarbeitung des noch warmen Fleischs im Schlachthof macht jegliche Zusatzstoffe überflüssig. Weil Schinken, Salami, Bratwurst, Schwarzwurst und Meterwurst bei den Kunden so gut ankommen, sind die Räume im Schlachthof zu klein geworden. Die Pläne für eine Wurstmanufaktur direkt am Schlachthof sind schon fertig, ab 2011 kann die Wurstproduktion deutlich ausgeweitet werden.

Schwäbisch-Hällische Schweine wachsen langsam und dürfen sich eine natürliche Speckauflage anfuttern, die nicht wabbelig, sondern fest und wohlschmeckend ist. Die berühmte „Marmorierung", jene kleinen Fetteinsprengsel im Muskelfleisch, die wie feine, weiße Pinselstriche aussehen, machen das Fleisch zart und saftig. Es ist etwas dunkler als das anderer Schweine und sein Geschmack kräftig und aromatisch.

Es gibt reinrassige Schwäbisch-Hällische Schweine und Kreuzungen mit dem Magerfleischeber Piétrain, die Tiere mit weniger Fett und mehr Fleisch hervorbringen. Die meisten Verbraucher bevorzugen das etwas weniger fette Fleisch. Viele Gourmets und die meisten großen Köche schwören allerdings auf das reinrassige Schwein mit seinem zartschmelzenden, leicht nussig schmeckenden Fett – und legen dafür gerne etwas mehr Geld hin. Seit 2010 gibt es sogar eine Herde eichelgemästeter Schwäbisch-Hällischer, 2011 wird es fünf Eichelweiden geben. In Deutschland ist das Schwäbisch-Hällische Schwein heute die bekannteste alte Tierrasse. Welch ein Comeback!

Gerhard Bachmann verriet uns das Rezept für „Hohenloher Schweinebraten mit Biersauce" auf der vorhergehenden Seite, von der BESH stammen die Rezepte für „Ragout vom Schwäbisch-Hällischen Landschwein in Apfelwein geschmort" auf der nächsten Seite und „Hohenlohische Rinderroulade" auf Seite 142.

Ragout vom Schwäbisch-Hällischen Landschwein in Apfelwein geschmort

Für vier Personen

Marinade

5 Wacholderbeeren

5 schwarze Pfefferkörner

6 Lorbeerblätter

3 Nelken

1,5 l Apfelwein oder Cidre

Ragout

800 g Muskelfleisch aus Nacken oder Keule

1 mittelgroße Zwiebel

2 mittelgroße Karotten

¼ Sellerieknolle

2 Knoblauchzehen

Salz, Pfeffer

2 Esslöffel mittelscharfer Senf

3 Esslöffel Mehl

Olivenöl

1 Esslöffel Tomatenmark

1 l Rinderfond

wahlweise Butterflocken oder etwas Crème fraîche

Das Fleisch – vom Metzger pariert und von allen Sehnen befreit – in 2 cm große Würfel schneiden.

Für die Marinade die Wacholder- und Pfefferkörner im Mörser leicht anstoßen und mit den Lorbeerblättern und Nelken in den Apfelwein geben. Die Fleischwürfel darin über Nacht zugedeckt im Kühlschrank marinieren.

Das Fleisch am nächsten Tag in einem Sieb abtropfen lassen, den Sud auffangen. Zwiebel, Karotten und Sellerie schälen und in grobe Würfel schneiden, Knoblauchzehen schälen und fein würfeln. Die Fleischwürfel mit Küchenpapier abtupfen. Mit Salz, Pfeffer und Senf einreiben und mit dem Mehl gleichmäßig bestäuben. Bei starker Hitze in einer Kasserolle in Olivenöl rundum anbraten, bis sie eine goldbraune Farbe haben. Das Tomatenmark dazugeben und unter ständigem Rühren kurz anrösten. Danach mehrmals kleine Portionen des Fonds angießen und immer wieder einkochen lassen.

Die Gemüsewürfel dazugeben, kurz anschwitzen und mit dem Apfelwein und dem restlichen Fond auffüllen. Die Gewürze aus der Marinade in einen Gewürzbeutel packen und in den Topf legen. Das Ganze zum Kochen bringen, die Hitze reduzieren und das Fleisch zugedeckt bei milder Hitze etwa 1,5 Stunden schmoren. Das Fleisch anschließend mit einem Schaumlöffel herausnehmen und warm stellen. Das Gewürzsäckchen herausfischen und wegwerfen. Die Sauce eventuell etwas einkochen lassen und mit Salz und Pfeffer abschmecken. Etwas samtiger wird sie, wenn Sie einige eiskalte Butterflocken mit dem Schneebesen in die Schmorflüssigkeit rühren. Die Sauce darf allerdings nicht mehr kochen, sonst löst sich die Bindung wieder auf. Wer mag, kann statt der Butter einige Löffel Crème fraîche in die Sauce rühren. Sie schmeckt aber auch ohne zusätzliche Bindung ganz wunderbar.

Die Fleischwürfel wieder in die Sauce legen und mit handgeschabten Spätzle und gedünstetem Frühlingsgemüse servieren.

Hohenlohische Rinderroulade

Für vier Personen

3 Zwiebeln

3 Esslöffel Öl

1 Karotte

1 dicke Scheibe Knollensellerie

1 Zwiebel

1 kleine Stange Lauch, nur den hellgrünen und weißen Teil

8 Rinderrouladen à 130 g aus der Oberschale oder Nuss

2 Esslöffel Apfelsenf

16 Scheiben Bauchspeck, sehr dünn geschnitten

2 Esslöffel Tomatenmark

½ l Rinderfond

½ l Rotwein

1 gehäufter Esslöffel Mehl

1 Teelöffel Kartoffelstärke

Salz, Pfeffer

Rosenpaprika

3 Lorbeerblätter

3 Nelken

Zwiebeln schälen, in feine Scheiben schneiden und in einer Pfanne in 1 Esslöffel Öl andünsten, bis sie goldgelb und sehr weich, fast musartig sind. Für das Röstgemüse Karotte, Sellerie, Zwiebel und Lauch putzen und in grobe Würfel schneiden.

Die Fleischscheiben mit dem Handballen gleichmäßig flach klopfen. Mit Salz und Pfeffer würzen und dünn mit Senf bestreichen. Mit jeweils 2 Scheiben Bauchspeck belegen und dem Zwiebelmus bestreichen. Die Längsseiten der Rouladen jeweils 1 cm einschlagen, die Fleischscheibe aufrollen und mit hölzernen Zahnstochern oder Küchengarn fixieren. Das restliche Öl in einem Bräter erhitzen und die Rouladen gleichmäßig von allen Seiten anbraten und aus dem Topf nehmen.

Das Röstgemüse in das heiße Fett geben und unter ständigem Rühren ebenfalls gründlich anbraten. Das Tomatenmark unterrühren und mit dem Gemüse leicht anrösten. Mehrmals mit wenig Wasser ablöschen und unter Rühren die Röststoffe vom Topfboden lösen. Wenn alles schön gebräunt ist, Mehl und Kartoffelstärke drüberstäuben und kurz anrösten. Mit dem Rinderfond und dem Rotwein auffüllen und so lange rühren, bis sich die Stärke und eventuelle Klümpchen aufgelöst haben. Sauce mit Salz, Pfeffer und Paprika würzen, Lorbeerblätter und Nelken in einem Gewürzsäckchen dazugeben. Die Rouladen wieder in den Bräter legen und zugedeckt bei milder Hitze schmoren lassen, das Fleisch dabei öfter wenden und die Sauce rühren, damit sie nicht am Topfboden anhängt. Die Rouladen nach etwa 2 Stunden aus der Sauce heben und im Ofen warm stellen. Das Kräutersäckchen entfernen und die Sauce durch ein feines Sieb passieren, nochmals aufkochen, mit Salz und Pfeffer abschmecken und mit den Rouladen servieren. Dazu passen Selleriepüree, Rezept auf Seite 121, und Apfelrotkohl, Rezept Seite 178.

Spitzkohl-Röllchen

Für vier bis sechs Personen

1 kleiner Kopf Filder-Spitzkraut oder Spitzkohl

1 altbackenes Brötchen

Milch zum Einweichen

1 Zwiebel

2 Knoblauchzehen

1 Esslöffel Butter

1 kleiner Bund glatte Petersilie

200 g frisches Kalb- oder Schweinebrät

200 g gewürztes, grobes Schweinemett

50 g geriebener Parmesan

2 Eier

Salz, Pfeffer

3 Esslöffel Olivenöl

200 ml trockener Weißwein

125 ml Gemüsebrühe

Den Strunk des Kohlkopfs abschneiden und die Blätter einzeln ablösen, unschöne, welke Außenblätter wegwerfen. Die Blätter in kochendem Salzwasser blanchieren, bis sie geschmeidig sind, und danach kalt abschrecken. Mit Küchenkrepp abtrocknen und die dicken Rippen herausschneiden.

Das Brötchen für die Füllung in lauwarmer Milch einweichen. Zwiebel und Knoblauch schälen und fein schneiden, in der Butter glasig andünsten. Petersilie waschen, Blättchen abzupfen und fein schneiden. Das eingeweichte Brötchen ausdrücken und mit Brät, Mett, gedünsteter Zwiebel, Knoblauch und Petersilie gut vermengen. Parmesan und Eier dazugeben und alles zu einer geschmeidigen Farce verarbeiten, mit Salz und Pfeffer abschmecken. Jeweils einen Esslöffel der Farce auf ein Spitzkohlblatt platzieren, das Blatt aufrollen und die Seiten nach unten einschlagen. Das Öl in einer Pfanne mit Deckel erhitzen, die Röllchen mit der Nahtstelle nach unten hineinsetzen und langsam rundum goldgelb anbraten. Mit dem Weißwein ablöschen, kurz einkochen lassen und etwas Brühe angießen.

Die Kohlröllchen zugedeckt 20 Minuten schmoren, bei Bedarf etwas Brühe nachgießen.

Mit blütenweißer Kochjacke steht Atilla Caprano in seiner Macelleria Italiana, strahlend, in sich ruhend, und wortgewaltig, wenn es um seine Leidenschaft geht. Er ist Koch, einer, der sich mit Leib und Seele seiner Passion verschrieben hat. Metzger ist er auch, denn um den Stand in der Markthalle übernehmen zu können, musste er die Metzgerprüfung ablegen. Darüber können die Stuttgarter glücklich sein, denn zu dem hervorragenden Fleisch bekommen sie die passenden Rezepte gratis dazu. Attilas Vater Vincenzo Caprano war Koch und Berufsschullehrer und brachte ihm schon früh das Kochen bei. Später lernte er es professionell, arbeitete in Marseille und Paris als Koch und eröffnete danach in seiner Heimat, den Marken, ein Restaurant. Er bedauert, dass die italienische Küche in Deutschland hauptsächlich für Pizza und Pasta, Insalata und allenfalls kurz gebratene Gerichte bekannt ist. Die mediterrane Küche ist sehr viel abwechslungsreicher, erklärt er und schwärmt von den langsam geschmorten Braten und Ragouts aus einfachen, guten Grundzutaten, die sich, wenn sie liebevoll und sorgfältig behandelt werden, in ganz große Genüsse verwandeln. Und schon hat er ein Rezept parat, das er am Tag zuvor für Freunde zubereitet hat: einen drei Stunden lang geschmorten Nackenbraten vom Schwein, mit Rosmarin und Knoblauch und einem Wirsinggemüse, das nur kurz in Olivenöl angebraten und danach mit hellem Bier abgelöscht wird. Attilas Freund möchte man gerne sein.

Die Fleischqualität in seiner Macelleria Italiana ist einmalig: Weiderinder von der Alb, Lämmer aus dem Donautal, Salzwiesenlämmer aus Nordfriesland und Chianina Rinder aus der Toskana. Prächtige Koteletts mit einer zentimeterdicken, schneeweißen Speckschicht liegen in der Auslage. Sie kommen vom Mangaliza, dem Wollschwein, einer ungarischen Schweinerasse, die sich durch ihre dicken Speckpolster und ihren exzellenten Geschmack auszeichnet. „Das Mangaliza ist das schönste Schwein, besser als das Iberico, besser als das Schwäbisch-Hällische", findet Attila Caprano. Wegen des Magerschweinwahns war es Ende der 1970er Jahre fast ausgestorben. Glücklicherweise wird es heute, dank seiner Beliebtheit in der gehobenen Gastronomie, wieder in vielen europäischen Ländern gezüchtet. Neben dem Mangaliza liegt, ebenfalls wie gemalt, die Fiorentina, das flache Roastbeef mit Rückenknochen und Filet. Aus ihm schneidet er vier Zentimeter dicke und mindestens 900 Gramm schwere Steaks mit T-förmigen Knochen für die Bistecca Fiorentina. Diese toskanische Spezialität wird in Italien ausschließlich aus Jungochsen der Rinderrasse Chianina zubereitet. Capranos Fiorentina kommt von Fleischrindern aus der Alb, vom Charolais oder Simmentaler, je nachdem welches Tier seine Lieferanten, allesamt kleine Bauernbetriebe, gerade geschlachtet haben. Die sind dem Chianina mindestens ebenbürtig. Und wenn er als Italiener das sagt, will das schon etwas heißen. Die Zubereitung der Bistecca Fiorentina ist „angeblich" ganz einfach: Das mit Olivenöl bestrichene Fleisch wird auf dem Grill oder in der Gusseisenpfanne zubereitet. Nach einer kurzen Bratzeit wird es gewendet und gesalzen, anschließend mit schwarzem Pfeffer gewürzt und mit etwas Olivenöl angerichtet. Was so einfach klingt, erfordert in Wirklichkeit ziemlich viel Erfahrung und ein „Händchen" für das Fleisch. Denn der Garpunkt lässt sich eigentlich nur erfühlen. Wer ängstlich ist und das gute Fleisch zu lange brät, hat es damit ruiniert und sollte sich eher an die täglich frisch gemachten Salsicce halten. Oder an die ebenfalls täglich am Stand zubereitete Porchetta, einen ausgebeinten, gerollten Spanferkelbraten, der mit viel Rosmarin und Fenchelsamen gebraten wird. Nehmen Sie sich dazu eine Flasche Lacrima di Moro d'Alba mit, gekeltert aus einer autochthonen märkischen Traube mit dem Aroma von Waldfrüchten und Waldboden, die Caprano zum günstigen Preis direkt importiert, und erfreuen Sie sich des Lebens. Einfach nur so, wie Attila Caprano es vormacht.

Von Attila Caprano stammen auch die Rezepte „Tagliatelle con Salsicce" auf Seite 93 und „Vincenzos Kutteln" auf Seite 154.

Die Träne auf der Backe – Geschmorte Ochsenbacken mit Orangenkartoffelpüree *Atilla Caprano, Macelleria Italiana*

Für vier Personen

1 Scheibe Pancetta, etwa 1 cm dick

1 große Zwiebel

1 Knoblauchzehe

1 große Karotte

2 Stangen Staudensellerie

3 Esslöffel Olivenöl

3 Peperoncini

2 Stängel Rosmarin

4 Lorbeerblätter

4 Ochsenbacken, vom Metzger pariert, mit ein bisschen Haut und Fett

1 Flasche Lacrima di Moro d'Alba oder einen anderen fruchtigen Rotwein

2 Esslöffel Pinienkerne

2 Esslöffel Rosinen

8 mittelgroße Tomaten

30 g Schokolade mit 70 Prozent Kakaogehalt

Püree

750 g mehlig kochende Kartoffeln

200 ml Milch

20 g Butter

Salz

Die Pancetta fein würfeln. Zwiebel und Knoblauch schälen, die Zwiebel in etwa 2 mm dicke Scheiben schneiden, die Knoblauchzehe ganz lassen. Karotte und Staudensellerie putzen und grob würfeln. Olivenöl in einem Bräter erhitzen und die Pancettawürfel langsam anbraten, Peperoncini, Rosmarin, Lorbeerblätter und die Zwiebeln dazugeben und braten, bis die Zwiebeln glasig sind. Karotten- und Selleriewürfel dazugeben und braten, bis sie beginnen weich zu werden. Drei Viertel des Gemüses herausnehmen und beiseite stellen. Die Ochsenbacken in den Bräter geben und von allen Seiten schön braun anbraten und mit Salz würzen. Mit einem Glas Rotwein ablöschen und langsam mit geschlossenem Deckel verdampfen lassen. Den restlichen Wein zugießen, einige Minuten köcheln lassen und mit 300 ml Wasser auffüllen. Die Ochsenbacken zugedeckt bei kleiner Hitze 2 Stunden schmoren, eventuell etwas Wasser nachgießen. In der Zwischenzeit die Tomaten überbrühen, häuten, entkernen und würfeln. Nach 2 Stunden Garzeit Pinienkerne, Rosinen und Tomatenwürfel in die Sauce geben und so lange weiter schmoren, bis die Tomaten zerfallen sind. Das beiseite gestellte Gemüse in den Schmorfond geben und weitere 25 Minuten köcheln lassen.

Für das Kartoffelpüree die Kartoffeln schälen und halbieren. In leicht gesalzenem Wasser in etwa 20 Minuten gar kochen. Mit dem Zestenschneider einige feine Schalenstreifen von der Orange abziehen und in der Butter sanft erwärmen. Die Milch aufkochen. Die Kartoffeln abgießen, offen kurz ausdampfen lassen und durch die Kartoffelpresse drücken. Die Milch nach und nach unterrühren, die Orangenbutter unterheben und mit Salz würzen. Das Püree warm stellen.

Die Schokolade in die Sauce geben und 5 Minuten schmelzen lassen, mit Salz und Pfeffer abschmecken. Die Ochsenbacken mit der Sauce und dem Orangenkartoffelpüree servieren.

Attila Caprano empfiehlt zum Essen denselben Wein wie zum Kochen, allerdings als Riserva ausgebaut. Der passt ausgezeichnet zur Sauce, die durch die Schokolade unaufdringlich rund und harmonisch geworden ist. Jetzt versteht man auch, weshalb er das Gericht „Die Träne auf der Backe" nennt: es erzeugt Tränen der Freude, weil es so gut schmeckt.

„Gutes aus Ungarn" verkauft Katharina Weigert seit 1995 an ihrem Puszta-Stand. Sie ist bereits die vierte Besitzerin. Eröffnet hat den Stand 1956 der ungarische Metzger-meister Kiss, kurz nach der Niederschlagung der bürgerlich-demokratischen Revolution und dem Einmarsch der Sowjetarmee in Ungarn. Hunderttausend Menschen waren in den Westen geflohen und Kiss wollte seine Landsleute mit ungarischen Würsten versor-gen. Katharina Weigert weiß aus Erzählungen, dass in dieser Zeit 300 bis 400 Kilo Kolbász pro Woche verkauft wurden und die Kundenschlange von der Theke bis zum Ausgang reichte. Kolbász verkauft sie auch heute noch. Die Paprikawurst aus Schweine-fleisch gibt es frisch oder leicht geräuchert, mild, mittelscharf oder scharf gewürzt. Ren-ner ist die schärfste Sorte, die Höllenwurst. Die kaufen aber eher die Deutschen, denn die Ungarn essen nicht sehr scharf. Neben den Würsten liegen in großen Schüsseln knusprige Schweine- und Gänsegrieben. Die sind weniger fett als landläufig angenommen: für 300 Gramm Schweinegrieben wird ein Kilogramm Rückenspeck ganz langsam ausgelassenen, bis die goldbraunen Krüstchen entstehen. Aus gemahlenen Grieben und Hefeteig werden die Pogácsa oder Pogatscherl gebacken, eine sehr beliebte Knabberei zum Aperitif. In großen Schalen und Holzbottichen schwimmen milchsauer eingelegte grüne Tomaten und Babywassermelonen, hellgrüne, knackige Apfelpaprika, scharfe, dunkelrote Kirschpaprika, süßfleischige Tomatenpaprika und milde Spitzpaprika. Die machte man in Ungarn für den Winter ein, als Ersatz für frisches Gemüse. Die eingelegten Spezialitäten bezieht sie aus Vecsés, einem Dorf in der Nähe von Budapest. Dort siedelten sich im 18. Jahrhundert etwa fünfhundert Familien aus Schwaben an, sogenannte Donauschwaben, mit ihren Geheimrezepten für Sauerkraut und sauer eingelegten Gemüsen. Im Laufe von zwei Jahrhunderten wurden diese Produkte berühmt: zuerst auf den Märkten in Pest und Buda, später europaweit. Anfangs holte Katharina Weigert ihre Ware noch selbst, fuhr mit ihrem Bus in drei Tagen 3500 Kilometer. Dank der EU und offener Grenzen kann sie sich die Spezialitäten heute liefern lassen.

Paprika, das ungarische Nationalgewürz, gibt es bei Katharina Weigert selbstverständlich auch als Pulver. Die unterschiedlichen Farben und Aromen entstehen nicht durch die Verwendung unterschiedlicher Schoten, erklärt Katharina Weigert, sie hängen vom Reifegrad der Früchte bei der Ernte ab. Für die Schärfe ist das Capsaicin verantwortlich, es sitzt in den Trennwänden, den Samen und im Strunk. In Ungarn werden sechs Schärfegrade unterschieden. Der mildeste Paprika, der Spezialpaprika Különleges, ist von einem leuchtenden Rot, besteht nur aus den Fruchtwänden vollreifer Früchte und hat einen zarten, süßen Geschmack. Es folgen Delikatesspaprika, Rosenpaprika und Edelsüßpaprika. Am Ende stehen die beiden schärfsten Sorten, Csipös und Eros, die nur aus Trennwänden und Samen bestehen. Paprikapulver hat eine Lebensdauer von sechs Monaten, älteres Pulver schmeckt staubig und scharf. Beim Kochen sollte man es nie in siedendes Fett geben, es wird dann bitter und seine Farbe dunkel und stumpf. Wer neugierig ist auf ungarischen Wein, kann eine Flasche Tokajer mitnehmen und sich von Katharina Weigert alles über den edlen Tropfen und seine erstaunliche Renaissance erklären lassen.

Als typisch ungarisches Gericht empfiehlt Katharina Weigert ein Gulasch, das Rezept dazu finden Sie auf der folgenden Seite.

Ungarisches Gulasch – *Katharina Weigert, Gutes aus Ungarn*

Für vier Personen

800 g Rindfleisch aus Wade oder Hals

400 g Zwiebeln

1 bis 2 gelb-grüne scharfe Paprika aus Ungarn

2 Esslöffel Schweineschmalz

2 Esslöffel edelsüßes ungarisches Paprikapulver

1 Glas Rotwein

Salz, Pfeffer

scharfe Paprikacreme Piros Arany

Gulaschgewürz

2 Knoblauchzehen

½ cm frischer Ingwer

1 Teelöffel Kümmel

½ unbehandelte Zitrone

1 Esslöffel kalte Butter

Das Fleisch in circa 3 cm große Würfel schneiden. Die Zwiebeln schälen und in Streifen schneiden. Die Paprika waschen, der Länge nach halbieren, Samen und Trennwände entfernen und das Fruchtfleisch in kleine Würfelchen schneiden. 1 Esslöffel Schweineschmalz in einem breiten Topf erhitzen und die Fleischstücke darin anbraten. Der Topf muss so groß sein, dass alle Fleischstücke Bodenkontakt haben und nicht kochen, sondern braten. Sollte dennoch Fleischsaft austreten, diesen vollständig einkochen lassen, bis das Fleisch wieder anfängt zu braten und rundum goldbraun ist. Das Fleisch mit einem Schaumlöffel herausheben und die Zwiebeln und den frischen Paprika langsam andünsten. Wenn die Zwiebeln goldgelb und butterweich sind, das Fleisch wieder dazugeben und mit Salz und Pfeffer würzen. Den Topf vom Herd ziehen, Paprikapulver einstreuen und gut unterrühren. Das Paprikapulver soll nicht braten, weil es dabei schnell bitter wird und seine schöne Farbe verliert. Den Topf zurück auf den Herd stellen, das Gulasch mit dem Rotwein ablöschen und dabei die Röststoffe mit einem Holzlöffel vom Topfboden lösen. Den Wein einkochen lassen und circa 2 l Wasser auffüllen, bis das Fleisch gerade bedeckt ist. Das Ganze zum Kochen bringen, den Deckel auflegen und das Gulasch mindestens 2 Stunden bei mittlerer Hitze köcheln lassen.

In der Zwischenzeit für das Gulaschgewürz den Knoblauch und den Ingwer schälen und in feine Würfel schneiden. Die Zitrone waschen, abtrocknen und die Schale reiben. Die zerkleinerten Zutaten und den Kümmel mit einer Gabel in die Butter einarbeiten, danach mit einem scharfen Messer so lange hacken, bis eine feine Paste entsteht.

Wenn das Fleisch mürbe und die Sauce dick und sämig ist, noch einmal mit Salz, Pfeffer und der scharfen Paprikacreme abschmecken. Zum Schluss die Gewürzpaste unterrühren und mit Spätzle, Semmelknödeln oder breiten Bandnudeln servieren.

Tagliata mit gebratenen Kirschtomaten, Rucola und Parmesan

Für vier Personen

Pesto

2 Bund Rucola

70 g Pinienkerne

50 g Parmesan

1 Knoblauchzehe

4 bis 5 Esslöffel Olivenöl

Salz, Pfeffer

Tagliata

1 kleiner Bund Thymian

2 Rumpsteaks à 400 g, gut abgehangen

3 Esslöffel Olivenöl

Salz, Pfeffer

100 g schwarze, kernlose Oliven

2 unbehandelte Zitronen

1 Esslöffel Olivenöl

1 kg Kirschtomaten mit Rispen

Fleur de Sel

Pfeffer

ein Stückchen Parmesan

etwas alter Balsamico

Den Backofen auf 250 Grad vorheizen, einen Bräter darin erhitzen.

Rucola waschen und trocken schleudern, Stiele abschneiden und Blätter grob zerzupfen. Die Pinienkerne ohne Fett anrösten, dabei darauf achten, dass sie nicht anbrennen. Den Parmesan fein reiben. Die Knoblauchzehe schälen und grob zerteilen. Rucola, Pinienkerne, Parmesan, Knoblauchzehe und Gewürze in den Mixer geben und kurz grob zerkleinern, dann nach und nach Olivenöl zugeben. Das Pesto soll nicht zu fein werden, die Rucolablättchen dürfen durchaus noch etwas Biss haben.

Thymianblättchen abzupfen, das Fleisch mit Salz, Pfeffer und der Hälfte des Thymians würzen. In einer Pfanne 2 Esslöffel Olivenöl erhitzen und das Fleisch von allen Seiten kurz und kräftig anbraten, herausnehmen und in Alufolie eingewickelt zehn bis 15 Minuten ruhen lassen. Danach in etwa ½ cm dicke Scheiben schneiden.

Die Oliven grob zerkleinern und mit einer Gabel leicht anquetschen. Zitronen waschen, die Schale abreiben und den Saft auspressen. Alles mit Olivenöl, Salz, Pfeffer und dem restlichen Thymian vermischen und in den heißen Bräter geben. Die Kirschtomaten an der Rispe hineinlegen und bei mittlerer Hitze kurz anrösten. Die Fleischscheiben darauf legen, mit Fleur de Sel und grob gemörsertem Pfeffer kräftig würzen. Den Bräter für 5 Minuten auf der untersten Schiene in den Ofen schieben.

Den Bräter aus dem Ofen nehmen, Rucolapesto über das Fleisch träufeln, einige Parmesanspäne drüberhobeln und mit Balsamico beträufeln.

Tafelspitz mit Traubenkernölvinaigrette

Für vier Personen

**1200 g Tafelspitz
mit Fettschicht**

1 Bund Suppengemüse

1 Zwiebel

2 Lorbeerblätter

2 Nelken

6 Wacholderbeeren

1 Teelöffel gestoßenen Pfeffer

1 Esslöffel Salz

Vinaigrette

3 Esslöffel Olivenöl

1 Esslöffel Traubenkernöl

**1½ Esslöffel alten
Aceto balsamico**

1 Teelöffel milder Senf

Salz, Pfeffer, Zucker

1 Schalotte

1 Bund Schnittlauch

Fleur de Sel

Den Tafelspitz waschen und die fettlose Seite von Sehnen und Haut befreien. Das Suppengemüse putzen und in grobe Stücke schneiden. Die Zwiebel halbieren und in einer kleinen Pfanne auf der Schnittfläche dunkelbraun werden lassen. Den Tafelspitz in kaltem Wasser auf den Herd stellen und die Gemüsewürfel, Zwiebelhälften und Gewürze dazugeben. Das Wasser langsam zum Sieden bringen, jedoch nicht kochen lassen. Den Tafelspitz 2 ½ Stunden immer knapp unter dem Siedepunkt garen. Den Schaum, der sich an der Oberfläche bildet, immer wieder mit einem Schaumlöffel abschöpfen. Den Tafelspitz in der Brühe abkühlen lassen.

Für die Vinaigrette Olivenöl, Traubenkernöl, Aceto balsamico und Senf verquirlen, bis eine sämige Sauce entsteht. Mit Salz, Pfeffer und einer Prise Zucker abschmecken. Die Zwiebel schälen und in sehr feine Würfel schneiden. Schnittlauch waschen, trocknen und in feine Röllchen schneiden. Den Tafelspitz lauwarm oder kalt in dünne Scheiben schneiden, Zwiebeln und Schnittlauch drüberstreuen und mit der Vinaigrette beträufeln. Nach Geschmack mit einigen Körnchen Fleur de Sel würzen.

Sehr fein zum Tafelspitz wie auch zu allen anderen gekochten Fleischsorten schmecken Bouillonkartoffeln.

Bouillonkartoffeln

Für vier Personen

**4 mittelgroße festkochende
Kartoffeln**

1 kleine Karotte

1 kleines Stück Knollensellerie

1 kleine Lauchstange

1 Schalotte

1 Esslöffel Öl

**½ l Tafelspitz- oder
Gemüsebrühe**

2 Lorbeerblätter

Salz, Muskat, Pfeffer

1 Bund Blattpetersilie

Die Kartoffeln waschen, schälen und in 2 cm große Würfel schneiden. Karotte und Sellerie schälen und in 2 mm große Würfel schneiden. Welke Blätter vom Lauch entfernen, längs aufschneiden, waschen und in 2 mm breite Streifen schneiden. Die Schalotte schälen und fein würfeln. Das Öl in einem Topf erhitzen und die Gemüse darin anschwitzen. Die Kartoffeln dazu geben und mit der Brühe auffüllen. Die Lorbeerblätter hineinlegen und mit Salz, Pfeffer und Muskat würzen. Zugedeckt etwa 15 Minuten köcheln lassen, bis die Kartoffelwürfel weich sind und die Flüssigkeit aufgesogen haben. Die Petersilie waschen, die Blättchen abzupfen und fein hacken. Die Bouillonkartoffeln mit der Petersilie bestreuen und zum Tafelspitz servieren.

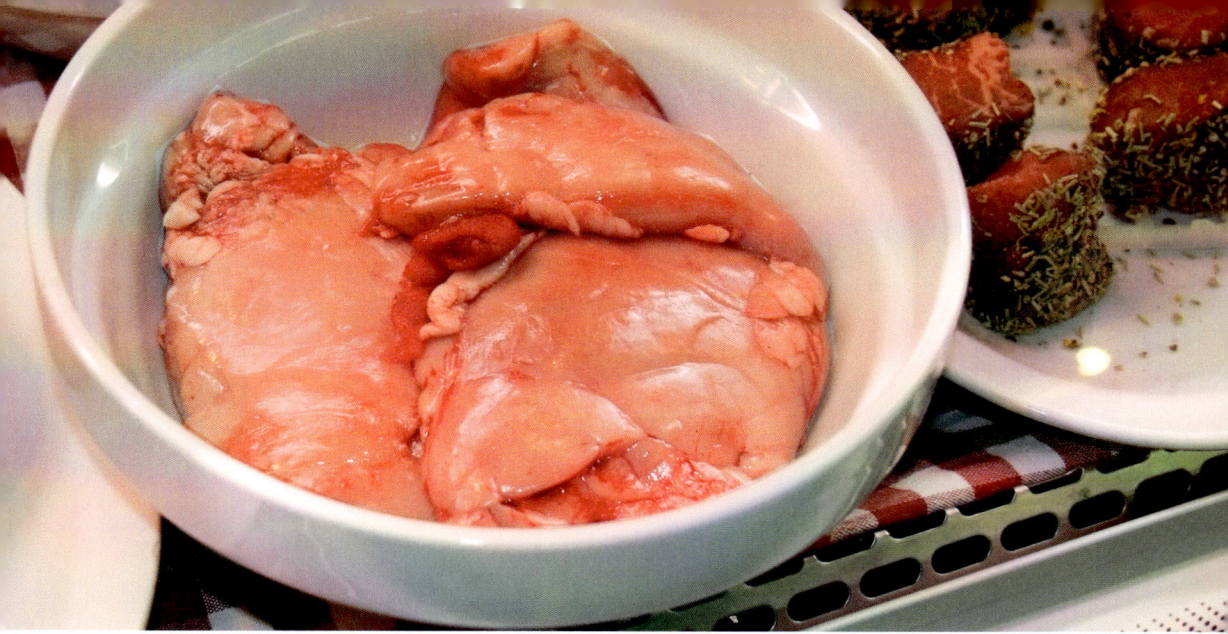

Kalbsbriesle

Für vier Personen

2 Kalbsbriese à 400 g

1 Bund Suppengrün

Salz

2 Eier

100 g Semmelbrösel, am besten aus alten Semmeln selbst gerieben

30 g Butter

2 Esslöffel Öl

1 Zitrone

Die Kalbsbriese unter fließendem Wasser reinigen, dabei von Häuten und Blutresten befreien. Anschließend für etwa 2 Stunden wässern, das Wasser mehrfach wechseln. Suppengrün waschen, putzen und in grobe Würfel schneiden. 2 l Wasser zum Kochen bringen, das Suppengrün dazugeben, kräftig salzen und 10 Minuten kochen lassen. Die Briese hineingeben und etwa 8 Minuten im leise kochenden Wasser blanchieren. Briese herausnehmen, in kaltem Wasser abschrecken und in schöne Röschen zerteilen, dabei alle Häutchen, Sehnen und unschönen Stellen entfernen. Die verquirlten Eier und die Semmelbrösel getrennt auf flache Teller verteilen. Die Röschen im Ei wenden, gut abtropfen lassen und danach in den Semmelbröseln panieren. Butter und Öl in einer Pfanne erhitzen und die Scheiben auf jeder Seite 2 Minuten goldbraun ausbacken. Das Fett nicht zu heiß werden lassen, da sonst die Butter verbrennt. Die Briesle mit etwas Zitronensaft beträufeln und mit einem frischen Gartensalat und Kräutersauce oder Sauce Remoulade servieren.

Das Bries ist die Thymusdrüse des Kalbs und des Lamms. Die das Wachstum der Tiere steuernde Drüse bildet sich beim Heranwachsen rasch zurück. In Frankreich zählt das Bries neben der Gänseleber zu den begehrtesten und teuersten Innereien. Aber auch in der griechischen und italienischen Küche hat das Bries seinen festen Platz. Bis es diesen Rang auch in Deutschland hat, ist es ratsam, das Bries beim Metzer vorzubestellen.

„Vincenzos Kutteln" – Kalbskutteln mit weißen Bohnen und Kreuzkümmel *Atilla Caprano, Macelleria Italiana*

Für vier Personen

150 g getrocknete weiße Cannellini-Bohnen

1 Thymianzweig

2 Salbeiblättchen

1 Knoblauchzehe

2 Stangen Staudensellerie

2 kleine Möhren

600 g vorgekochte Kalbskutteln

3 kleine Zwiebeln

1 Knoblauchzehe

4 aromatischen Tomaten

3 Esslöffel Olivenöl

1 roter Peperoncino

200 ml Weißwein

1 Lorbeerblatt

Salz, Pfeffer

1 Teelöffel fein gemahlener Kreuzkümmel

2 Esslöffel Weißweinessig

Parmesan

Die Bohnen über Nacht in kaltem Wasser einweichen, am nächsten Tag abgießen und abspülen. In reichlich kaltem Salzwasser aufsetzen und mit Thymian, Salbei und der geschälten Knoblauchzehe in etwa 1 Stunde weich kochen. Anschließend abgießen und beiseite stellen.

Staudensellerie, Möhren und 1 Zwiebel putzen und grob würfeln. Die Kutteln mit den Gemüsewürfeln in reichlich Wasser etwa ½ Stunde kochen. Die Garzeit hängt davon ab, wie lange die Kutteln vom Metzger vorgegart wurden. Zur Kontrolle am besten immer wieder ein Stückchen abschneiden und probieren. Wenn die Kutteln weich sind, herausnehmen und abkühlen lassen. Anschließend von allen Fettstellen befreien und in ½ cm breite Streifen schneiden.

Die restlichen Zwiebeln und den Knoblauch schälen und fein würfeln. Die Tomaten mit heißem Wasser überbrühen, häuten, entkernen und das Fruchtfleisch in feine Würfel schneiden.

Zwiebeln, Knoblauch und den Peperoncino in heißem Olivenöl 5 Minuten andünsten. Den Peperoncino wieder herausnehmen, die Kuttelstreifen zugeben, 5 Minuten braten und mit dem Weißwein ablöschen. Tomatenwürfel und Lorbeerblatt zugeben und so lange köcheln lassen, bis die Tomaten zerfallen. Mit Salz und Pfeffer würzen, den Kreuzkümmel im Mörser fein zerstoßen und zu den Kutteln geben. Zum Schluss die Bohnen zugeben und heiß werden lassen, nochmals mit Salz und Pfeffer und einem Schuss Essig abschmecken. Mit geriebenem Parmesan und Weißbrot servieren.

Sehr gut, auch wenn es nicht mehr das Original-Vincenzo-Rezept ist, schmecken gebratene Chorizoscheiben zu den Kutteln. Es schmeckt weniger fein, dafür würziger und deftiger.

Keine Angst vor Kutteln, sie sind eine Delikatesse und gehören in unseren Nachbarländern zu den Standardgerichten. Im Gegensatz zu vielen Vorurteilen, die man den Kutteln entgegenbringt, haben sie kaum Eigengeschmack und nehmen dankbar die verschiedensten Gewürze an. Heute werden Kutteln selbst bei uns in Spitzenrestaurants aufgetischt. Die Kutteln müssen weiß und vom Metzger geputzt und vorgekocht sein. Besonders fein sind die Kutteln vom Kalb. Sie werden allerdings viel seltener als Rinderkutteln verlangt. Bestellen Sie Kalbskutteln also rechtzeitig vor und beachten Sie, dass Kalbskutteln eine deutlich kürzere Garzeit haben.

Den Namen Vincenzo tragen die Kutteln zu Ehren von Attila Capranos Vater. Als kleiner Junge hasste Attila Kutteln, wenn seine Mutter sie kochte. Bei Tisch behielt er sie im Mund, um sie dann heimlich vom Balkon zu spucken. Sein Vater beobachtete ihn dabei, aber statt ihn zu schimpfen, bereitete er die Kutteln auf seine Weise zu – und siehe da: sie schmeckten dem kleinen Attila und er kocht sie noch heute nach diesem Rezept.

Nierchen in Rieslingsauce

Für vier Personen

800 g Kalbsnieren

etwas Milch

½ Zwiebel

¼ Karotte

2 Esslöffel Öl

¼ l Kalbsfond

⅛ l Riesling

125 g Schmand oder Crème fraîche

Salz und Pfeffer

½ Bund Blattpetersilie

Die Nieren 1 bis 2 Stunden in kaltem Wasser mit einem Schuss Milch wässern. Danach sorgfältig das Fett auf der Unterseite abschneiden und die feine Haut abziehen. Die Nieren längs halbieren, die weißen, talgigen Stellen entfernen und in etwa 1 cm dicke Scheiben schneiden. Zwiebel und Karotte schälen und fein würfeln.

Den Backofen auf 100 Grad vorheizen.

In einer Pfanne, in der die Nierchen nebeneinander Platz haben, 1 Esslöffel Öl stark erhitzen, die Nierchen hineingeben und von beiden Seiten jeweils 1 Minute anbraten. Wenn die Pfanne nicht groß genug ist, die Nierchen in zwei oder drei Portionen anbraten. Unbedingt darauf achten, dass die Temperatur hoch bleibt und die Nierchen nicht im eigenen Saft kochen, sie werden sonst zäh und hart. Die Nierenscheiben dürfen außen braun sein, sollten aber innen noch einen rosa Kern haben. Die Nierchen aus der Pfanne nehmen und auf einer Platte im Backofen warm stellen. 1 Esslöffel Öl in die Pfanne geben und die Zwiebeln und Karotten andünsten. Mit dem Fond ablöschen und auf die Hälfte einkochen lassen, den Riesling dazugeben und nochmals 2 Minuten köcheln lassen. Crème fraîche unterrühren und die Sauce mit Salz und Pfeffer abschmecken. Petersilie waschen, trocken schütteln und fein hacken. Die Nierchen aus dem Ofen nehmen, in die Sauce geben und mit der Petersilie bestreut servieren.

Zwergzebus sind kleine Wildrinder; wie das Hausrind stammen sie in direkter Linie vom Auerochsen ab, haben aber bis heute in Wildform überlebt. Sie sind gut erkennbar an ihren ausgeprägten Hörnern und ihrem Buckel. Ihr Fell ist ein bisschen schütter, aber fein und seidig. Sie werden etwa so groß wie Hirsche und erreichen ein Gewicht von 350 bis 400 Kilogramm. Ihre ursprüngliche Heimat ist Südasien, die in Deutschland gezüchteten Zwergzebus stammen meist von Tieren aus zoologischen Gärten ab. In der Stuttgarter Wilhelma hat es angeblich in den vierziger Jahren so viele Zwergzebus gegeben, dass ein Pfleger einige Exemplare mit auf die Alb nahm und dort eine Zucht begann.

Die Zwergzebus von Zebundus werden auf einem eigenen Hof bei Zeiningen gezüchtet, mitten im Biosphärengebiet Schwäbische Alb. Sie leben das ganze Jahr in Herden auf der Weide, nur bei großer Kälte suchen sie in ihren Schutzunterkünften Unterschlupf. Mit einer extremen Kletterfreudigkeit ausgestattet, erobern sie spielend steilste Hänge und weiden mit Hingabe die Wacholderheiden der Schwäbischen Alb ab. Lediglich im Winter wird mit Heu zugefüttert. Nach der Schlachtung in der eigenen Schlachterei in Zeiningen reift das Zwergzebufleisch in speziellen Luftkammern zwei bis drei Wochen am Knochen. Durch die langsame Reifung wird das feinfaserige Fleisch sehr zart und entfaltet sein typisches, dezentes Wildaroma. Da Zwergzebus – ähnlich wie Wild – kaum Fett, sondern hauptsächlich Muskelmasse ansetzen, ist das Fleisch mager und cholesterinarm.

In der Markthalle ist Zebundus seit Juli 2010 vertreten. Gisela Falter, die freundliche Fachfrau am Stand, freut sich, dass das Zwergzebu in der kurzen Zeit schon so viele Liebhaber gefunden hat. „Gute Qualität spricht eben für sich", sagt sie und schneidet eine Scheibe von dem fast schwarzen Zwergzebuschinken zum Probieren ab. Für den wurde das Rib-Eye-Stück mit dem typischen Fettauge in der Mitte in Tiefensalz mit Kräutern eingelegt, natürlich ohne Nitrat und Nitrit, und später kurz in den Wacholderrauch gehängt. Mehr braucht es nicht für hervorragenden Geschmack.

Ebenfalls aus dem Biosphärengebiet stammt das Fleisch von Albrindern, Albschweinen, Lämmern und Wild. Beinahe schon vom Vergessen bedrohte Delikatessen wie der hochprozentige Blutwurz, der aus Albkräutern destillierte Albkräuterdieb, Schlehen- und Holunderblütensirup oder Griebenschmalz von glücklichen Schweinen werden wieder produziert. Neueste Kreationen sind Albdinkelwhiskey und beschwipste Zwetschgen in Rotwein, Apfelperlwein aus sortenreinen Äpfeln und Bärlauchpesto. Am Zebundus-Stand will man sich noch lange nicht auf seinen Lorbeeren ausruhen.

Karl-Heinz Mutschler von Zebundus überließ uns die Rezepte „Zwergzebufilet auf Salz gebraten" auf Seite 158 und „Bachforellenfilets auf Alblinsen" auf Seite 192.

Zwergzebufilet auf Salz gebraten *Karl-Heinz Mutschler, Zebundus*

Für sechs Personen

12 Zebumedaillons à 80 g
1 Teelöffel grobes Salz
1 Esslöffel bunte Pfefferkörner
1 Esslöffel Olivenöl
2 Esslöffel Butter

Die Medaillons rechtzeitig aus dem Kühlschrank nehmen. Sie sollten unbedingt Zimmertemperatur haben, bevor sie in die Pfanne kommen. Die Fleischstücke mit dem Handballen vorsichtig auseinander drücken, damit sie etwas flacher und breiter werden. Eine beschichtete Pfanne erhitzen und das Salz hineinstreuen. Sobald es braun zu werden beginnt, die Medaillons darauflegen und von beiden Seiten jeweils 30 Sekunden braten. Anschließend herausnehmen und 5 Minuten ruhen lassen. Das Olivenöl und die Butter in der Pfanne erhitzen und die Medaillons nochmals von beiden Seiten 1 Minute braten. Das Fleisch dabei immer wieder mit dem Butteröl übergießen. Die Pfefferkörner im Mörser zerstoßen, in die Pfanne geben und gut im Öl schwenken. Die Medaillons mit Stampfkartoffeln, Blattspinat mit Steinpilzen und gerösteten Cashewkernen servieren.

Bunte Pfeffermischungen bestehen aus schwarzen, grünen, weißen und rosa Pfefferkörnern und sind ideal zum Würzen von kurzgebratenem oder gegrilltem Fleisch. Edler und viel teurer als rosa Pfeffer ist echter roter Pfeffer. Er hat zwar nicht die leuchtend rote Farbe des rosa Pfeffers, ist aber eine wahre Aromabombe mit feinem, leicht süßem und besonders fruchtigem Geschmack und einer milden Schärfe.

Geschmorte Lammhaxen

Für vier Personen

4 Lammhaxen

1 Esslöffel Olivenöl

1 Karotte

1 Petersilienwurzel

1 Zwiebel

1 Stück Knollensellerie

1 Esslöffel Tomatenmark

¼ l Fleischbrühe

¼ l kräftiger Rotwein

2 Lorbeerblätter

1 Teelöffel schwarze Pfefferkörner, frisch gemörsert

1 Teelöffel gestoßener
schwarzer Pfeffer

4 Zweige Thymian

2 Zweige Rosmarin

4 Fleischtomaten

1 mehlig kochende Kartoffel

2 Knoblauchzehen

Salz und Pfeffer

Den Backofen auf 160 Grad vorheizen.

Die Lammhaxen gründlich waschen und von eventuell anhaftenden Knochensplittern befreien. Abtrocknen und rundum salzen und pfeffern. Das Gemüse waschen und schälen und in grobe Stücke schneiden. Das Öl in einem Bräter erhitzen, die Haxen langsam und gründlich auf allen Seiten anbraten und wieder herausnehmen. 1 Esslöffel Tomatenmark unter ständigem Rühren im Bräter rösten. Mehrmals mit wenig Wasser ablöschen und wieder eindicken lassen, bis es dunkelbraun ist und eine sämige Konsistenz hat. Das Gemüse dazugeben und kurz andünsten. Die Haxen zum Gemüse in den Bräter legen und mit Rotwein und Fleischbrühe auffüllen. Lorbeerblätter, den gestoßenen Pfeffer, 1 Rosmarin- und 2 Thymianstängel dazugeben. Den Bräter zudecken, in den heißen Backofen schieben und 1 ½ Stunden schmoren lassen.

In der Zwischenzeit die Tomaten überbrühen, enthäuten, entkernen und in feine Würfel schneiden. Die Kartoffel schälen und fein reiben.

Die Haxen nach 1 ½ Stunden aus dem Bräter heben. Lorbeerblätter und Kräuter herausfischen und die Schmorflüssigkeit mit einem Pürierstab pürieren. Die Sauce durch ein grobes Sieb zurück in den Bräter gießen. Die geriebene Kartoffel und die Tomatenwürfel unterrühren und die Haxen in der Sauce eine weitere Stunde im Backofen schmoren lassen. Öfter nachschauen, ob die Sauce zu stark einkocht. Bei Bedarf etwas Wasser oder Brühe zugießen.

Die Knoblauchzehen schälen, die restlichen Kräuterzweige abzupfen und zusammen sehr fein hacken. Die Haxen aus dem Bräter heben, die Knoblauch-Kräuter in die Sauce rühren und mit Salz und Pfeffer abschmecken.

Lamm-Stifado mit Kritharaki

Christina Papadopoulos, Pappas Gourmetpalace

Für vier Personen

**1 kg Lammfleisch
aus der Schulter**

2 Knoblauchzehen

400 ml Rotwein

12 Esslöffel Olivenöl

1 Zimtstange

3 Lorbeerblätter

3 Nelken

3 große, aromatische Tomaten

400 ml Lammfond

1 Esslöffel Weißweinessig

**500 g Silberzwiebeln oder
kleine Schalotten**

½ Bund Thymian

Salz, Pfeffer

**400 g griechische Kritharaki
Nudeln**

**eventuell 200 g Schafskäse
und etwas Sahne**

Das Lammfleisch von Haut und Fett befreien und in mundgerechte Würfel schneiden. Knoblauch schälen und grob hacken. Wein, 6 Esslöffel Olivenöl, Zimtstangen, Lorbeerblätter, Nelken und Knoblauch in einer Schüssel vermischen und das Fleisch darin mindestens drei Stunden, besser über Nacht, marinieren.

Das Fleisch anschließend herausnehmen, gut abtropfen lassen und mit Küchenkrepp trocken tupfen. Die Marinade durch ein Sieb gießen und die Gewürze beiseite legen. Die Tomaten mit kochendem Wasser überbrühen, häuten, entkernen und in kleine Würfel schneiden. Das restliche Olivenöl in einem Schmortopf erhitzen und das Fleisch von allen Seiten scharf anbraten, mit dem Lammfond und der Marinade ablöschen. Die beiseite gelegten Gewürze aus der Marinade, die Tomatenwürfel und den Essig dazugeben und zugedeckt auf kleinster Flamme 2 Stunden schmoren lassen.

Die Zwiebeln pellen und nach 1 Stunde zum Fleisch geben. Die Thymianblättchen abzupfen und kurz vor Ende der Garzeit unter das Fleisch mischen. Das Stifado mit Salz und Pfeffer abschmecken.

Die Kritharaki in kochendem Salzwasser in etwa 12 bis 14 Minuten gar kochen, abschütten und zusammen mit dem Stifado servieren.

Sehr lecker schmeckt das Stifado mit geschmolzenem Schafskäse. Dazu den Käse und ein Schuss Sahne mit einer Gabel zerdrücken und auf dem Stifado verteilen. Den Topf in den auf 200 Grad vorgeheizten Backofen stellen und etwa 15 Minuten überbacken, bis der Käse schmilzt.

Wenn Gunther Ludwig erzählt, dass er schon als Kind von einem Marktstand geträumt hat, strahlt er übers ganze Gesicht. Er freut sich nach fast zehn Jahren immer noch, dass sein Traum in Erfüllung gegangen ist. 2001 konnte er endlich den Geflügelstand Kustermann übernehmen. Bis dahin lieferte er Geflügel vom elterlichen Geflügelhof in die Markthalle und eignete sich im Feinkosthandel jahrelang ein bemerkenswertes Fachwissen an. Seine „schleckig Gosch" verdankt er seinem französischen Großvater, der Metzger in „Les Halles" war, den ehemaligen Markthallen von Paris.

Gunther Ludwig ist glücklich, in der Markthalle Lebensmittel verkaufen zu können, die es in vergleichbarer Qualität und Auswahl nur hier gibt. Das funktioniert deshalb, weil seine Kunden seine Ansprüche teilen. Trends könne er zwar keine setzen, meint er, das schafften nur die Sterneköche mit Fernsehpräsenz, aber er verfolgt die Kochstile und kann seine Kunden entsprechend beraten. Zurzeit ist es sehr angesagt, alte Traditionen wieder zu beleben, zum Beispiel für die Familie oder Freunde eine Martinsgans zu braten. Die gibt es bei Gunther Ludwig aus dem Hohenloher Land, frisch natürlich, gefrorene kommen für ihn nicht in Frage.

Ebenso populär ist die selbst gekochte Hühnersuppe aus einem fetten Suppenhuhn mit viel Gemüse. Das ist gesund, herrlich nostalgisch und bodenständig. Und man weiß, was drin ist, im Gegensatz zu den industriellen Fertigbrühen. Überhaupt ist man heute bereit, für gutes Geflügel etwas tiefer in die Tasche zu greifen. Wenn man weiß, wie viele Beteiligte am Supermarkthähnchen für 3,99 mitverdienen müssen – vom Brüter über die Aufzuchtstation bis zum Schlachter, Zwischenhändler und Verkäufer – kann man sich vorstellen, dass das nur mit Intensivmast auf engstem Raum möglich ist. Diese armen Tiere gibt es bei Gunther Ludwig nicht. Er verkauft Geflügel aus Freilandhaltung, das mit Körnerfutter großgezogen wurde. Solch erstklassige Qualität findet er überwiegend in Frankreich, er bezieht direkt von den Züchtern, ohne Zwischenhändler. Er bedauert, dass die französischen Rassen in Deutschland nicht zugelassen sind und deutsche Züchter, die sich um entsprechende Qualität bemühen, noch rar und bisher zu teuer sind.

Ein weiterer gravierender Unterschied zwischen deutschem und französischem Geflügel ist die Rupfmethode. In Deutschland wird überwiegend nass gerupft, dazu wird das Geflügel bei 60 Grad gebrüht und anschließend in einer mit Noppen bestückten Zentrifuge die Federn ausgeschlagen. Die Haut saugt sich dabei mit Wasser voll und wird feucht und schlabbrig. In Frankreich bevorzugt man die schonendere Trockenmethode und rupft die Federn mit Hilfe von heißem Wachs oder mit Epiliergeräten aus. Die Haut bleibt dabei trocken, das Fleisch schön fest. Aber die Methode ist zeitintensiver und entsprechend teurer. Da Gunther Ludwig diese Zusammenhänge aber sehr anschaulich erklären kann, können seine Kunden die Qualitäts- und Preis-unterschiede gut nachvollziehen.

Aus Frankreich bezieht er außerdem Froschschenkel, Entenstopfleber, bretonisches Lammcarré, elsässische Ziegen – die deutschen sind ihm mit den vorgeschriebenen zehn Kilogramm Schlachtgewicht zu alt, sie „böckeln" – und Wurstspezialitäten wie die berühmte Blutwurst Boudin und die Straßburger Saucissede aus Schweinefleisch und Kartoffeln. Hirsch kommt aus Neuseeland, weil das Fleisch milder ist als das von deut-schen Hirschen; Wildschwein, Reh und Wildhase sind aus Bayern, Lammfleisch ein-schließlich Hirn, Bries, Zunge und Bäckchen bezieht er vom Schäfer Stotz aus Münsin-gen, der gerade vom NaBU als bester Schäfer Deutschlands ausgezeichnet wurde. Und weil er sie selbst so gerne mag – ein bisschen Luxus muss schließlich sein –, hat Gunther Ludwig in der Saison weiße Trüffel aus Alba und schwarze aus dem Périgord.

Poulet à Gunther Ludwig

Gunther Ludwig, Kustermann Geflügel, Wild, Lamm, Eier

Für zwei Personen

1 Poulet von etwa 1 kg
3 konfierte Zitronen
1 cm frischer Ingwer
2 Knoblauchzehen
100 ml Olivenöl
1 Prise Kurkuma
1 Zitrone
½ Teelöffel Safranfäden
1 Prise Piment d'Espelette
1 Teelöffel gemahlener Kreuzkümmel
Salz, Pfeffer
ca. 300 ml Hühnerfond
½ Bund Minze oder Koriander

Das Poulet in 8 Stücke teilen. Am besten, Sie lassen das vom Händler machen, denn beim Zerteilen eines Huhns ist Wissen und Erfahrung von Vorteil. 2 konfierte Zitronen in kleine Würfel schneiden, den Ingwer schälen und fein hacken. Knoblauchze-hen schälen und in grobe Stücke schneiden. Olivenöl mit Kur-kuma, Ingwer, Knoblauch und Zitronenwürfeln vermischen. Die Hühnerteile nebeneinander, mit der Hautseite nach oben, in eine flache Auflaufform legen und mit der Marinade begießen. Das Fleisch abgedeckt im Kühlschank mindestens 5 Stunden, am besten über Nacht marinieren.

Den Backofen auf 180 Grad vorheizen.

Die Zitrone auspressen, den Saft mit den Safranfäden, Piment d'Espelette, Kreuzkümmel, Salz und Pfeffer verrühren und über die Hühnerteile träufeln. Mit so viel Hühnerfond auffüllen, dass das Fleisch knapp bedeckt ist, und 60 Minuten im Backofen braten. Das Fleisch ist gar, wenn es sich einfach vom Knochen löst. Die dritte Zitrone würfeln. Die Minze waschen, trocken schütteln, die Blätter abzupfen und fein hacken.

Das Geflügel auf Tellern anrichten und mit den Zitronenwür-feln und der Minze bestreut servieren. Wer Minze nicht mag, kann frischen Koriander verwenden. Dazu passt buttriges Kartof-felpüree und Spitzkohlgemüse mit frischen Meerrettichraspeln.

Getrüffeltes Kapaunsuprême

Gunther Ludwig, Kustermann Geflügel, Wild, Lamm, Eier

Für zwei Personen

1 Suprême vom Kapaun von 500 bis 600 g

20 bis 50 g schwarzer Perigord-Trüffel, je nach Portemonnaie

Salz, Pfeffer

2 Esslöffel Butterschmalz

Den Backofen auf 180 Grad vorheizen.

Die Trüffel in 2 mm dünne Scheiben schneiden. Die Haut des Kapauns vorsichtig mit einem Finger vom Fleisch lösen und die Trüffelscheiben unter die Haut schieben. Am besten trüffeln Sie den Kapaun schon einen Tag im Voraus, damit das Trüffelaroma schön in das Fleisch einziehen kann. Vor dem Braten mit Salz und Pfeffer würzen. Das Butterschmalz in einer Pfanne erhitzen und das Suprême bei mittlerer Hitze von beiden Seiten goldbraun anbraten. Die Pfanne in den heißen Ofen schieben und den Kapaun 15 bis 20 Minuten braten. In Scheiben schneiden und mit sahnigem Kartoffelgratin und einem Salat mit Himbeeressig-Vinaigrette servieren.

Ein sehr feines, dennoch unkompliziertes Essen für festliche Anlässe, bei Gunther Ludwig kommt es an Weihnachten auf den Tisch. Getrüffeltes Geflügel wird in Frankreich wegen der schwarzen Stellen „demi deuil" genannt – in Halbtrauer. Außerhalb der Kapaun-Saison können Sie Poularden-, Maispoularden- oder Perlhuhnsuprême verwenden. Als Suprême bezeichnet man bei Geflügel die Brust mit dem unteren Teil des Flügelknochens, wahlweise mit oder ohne Haut.

Kapaune sind im Alter von etwa zwölf Wochen kastrierte und gemästete Hähne. Sie werden nur in der Zeit von Anfang bis Ende Dezember angeboten und sind daher klassische Weihnachtsbraten. Ihr Fleisch ist besonders mild, weiß und saftig und wird vor allem in der feinen Küche sehr geschätzt.

In Deutschland werden jährlich nicht mehr als 1500 Kapaune gekauft. Die im Fachhandel angebotenen Kapaune stammen meist aus Italien, Österreich oder Frankreich. Gunther Ludwig bevorzugt die für ihre ausgezeichnete Fleischqualität und ihren kräftigen Geschmack berühmten „Chapons de Bresse".

Pollo al Ajillo – Knoblauchhuhn

Für vier Personen

1 Poularde, circa 1,4 kg

1 Zwiebel

8 Knoblauchzehen

1 Chilischote

1 Rosmarinsträußchen

Salz, Pfeffer, Pimentón de la vera

1 Esslöffel Olivenöl

3 Lorbeerblätter

⅛ l Sherry medium

¼ l Hühnerbrühe
Rezept Seite 77

Die Poularde mit einer Geflügelschere vom Hals aus am Brustbein entlang aufschneiden. Das Rückgrat herausschneiden und wegwerfen (oder zusammen mit Hühnerklein und Gemüse eine Brühe daraus kochen). Die Unterkeulen am Gelenk mit einem starken Messer abtrennen, die Oberkeule mit dem Knochen halbieren. Die beiden Brusthälften jeweils dritteln. Diese etwas kniffelige Arbeit können Sie auch Ihren Geflügelhändler übernehmen lassen.

Den Backofen auf 180 Grad vorheizen.

Zwiebel schälen und längs vierteln. Knoblauchzehen schälen. Chilischote in feine Ringe schneiden. Die Poulardenstücke mit Salz, Pfeffer und Pimentón de la vera würzen und in einem Bräter im heißen Olivenöl anbraten. Chili kurz mitbraten, Zwiebeln, Knoblauchzehen, Rosmarinsträußchen und Lorbeerblätter dazulegen und im heißen Ofen 15 Minuten braten. Mit Sherry ablöschen und die Hühnchenteile mit dem entstandenen Bratensaft beträufeln. Weitere 15 Minuten braten, bis das Fleisch auf der Hautseite goldbraun und knusprig ist. Die Poulardenstücke herausnehmen und warm stellen. Die Lorbeerblätter und das Rosmarinsträußchen herausfischen und wegwerfen. Den Bratensaft mit Hühnerbrühe ablöschen und mit dem Pürierstab gut pürieren, etwas einkochen lassen und mit Salz und Pfeffer abschmecken. Die Sauce getrennt vom Fleisch servieren.

Pimentón de la vera ist die geschützte Herkunftsbezeichnung für geräuchertes süßes Paprikapulver mit ganz leichter Schärfe, das ausschließlich in der westspanischen Provinz Extremadura produziert wird. Hergestellt wird es aus Paprikaschoten, die nach der Ernte bis zu 14 Tagen langsam getrocknet und dabei immer wieder von Hand gewendet werden. Nach der Trocknungsphase werden die Paprikas über dem Holz von Eichen oder Steineichen geräuchert.

Das Gewürz verbindet den feinen Geschmack der Paprikaschoten mit dem kräftigen Raucharoma von Eichenholz. Es passt gut in Paella, Risotto, Eintöpfe und zu Fleischgerichten.

Ingwer-Hähnchenbrust mit Kokos-Curry-Spinat

Für vier Personen

400 g junger Blattspinat

1 Stück Ingwer, etwa 4 cm

2 Hähnchenbrüste

1 Bund Koriander

2 Esslöffel Sesamöl

3 Schalotten

2 Esslöffel Butter

1 Teelöffel Currypulver

200 ml Kokosmilch

Salz

½ Limette

Den Backofen auf 140 Grad vorheizen.

Den Spinat putzen, waschen und trocken schleudern. Den Ingwer schälen, die Hälfte in dünne Scheiben schneiden, den Rest fein würfeln. Die Hähnchenbrüste waschen und trocken tupfen.

Den Koriander waschen und trocken schleudern, einige Blättchen abzupfen, grob hacken und für die Dekoration beiseite legen.

Das Sesamöl in einer ofenfesten Pfanne erhitzen und das Fleisch darin auf der Hautseite 5 Minuten anbraten, bis die Haut goldbraun ist. Wenden und etwa 3 Minuten weiter braten. Die Ingwerscheiben in der Pfanne verteilen und die Korianderstiele dazwischen legen. Im Backofen weitere 15 Minuten garen.

Inzwischen Schalotten schälen und fein würfeln. Die Hälfte der Schalotten mit den Ingwerwürfeln in 1 Esslöffel Butter 3 Minuten andünsten, das Currypulver zufügen und unter Rühren kurz mitdünsten. Die Kokosmilch angießen und etwa 5 Minuten einkochen lassen, mit Salz und Limettensaft abschmecken.

Die restlichen Schalotten in 1 Esslöffel Butter glasig andünsten, den Spinat zufügen und unter Rühren zusammenfallen lassen. Mit Salz abschmecken und vom Herd ziehen.

Die Hähnchenbrüste aus dem Ofen nehmen und leicht salzen. Schräg in 1 cm dicke Scheiben schneiden. Den Spinat auf 4 Tellern anrichten und die Hähnchenscheiben darauf verteilen. Die Sauce drüberträufeln und mit Koriander bestreut servieren.

Poulet-Kartoffeltopf provençal

Für vier Personen

2 Zweige Thymian

1 Stängel Rosmarin

800 g kleine, junge Kartoffeln

6 Schalotten

1 große, junge Knoblauchknolle

4 Hähnchenkeulen

1 Esslöffel Olivenöl

200 ml trockener Weißwein

1 Teelöffel Fenchelsamen

750 ml kräftige Geflügelbrühe
Rezept Seite 77

3 große Fleischtomaten

2 Esslöffel schwarze Oliven

Salz, Pfeffer

Den Backofen auf 180 Grad vorheizen.

Die Thymianblättchen und Rosmarinnadeln abzupfen und fein hacken. Die Kartoffeln waschen und gut abbürsten oder schälen. Wenn sie sehr klein sind, unzerteilt lassen, größere Exemplare halbieren. Die Schalotten schälen, die Knoblauchzehen von der Knolle, lösen aber nicht schälen. Die Hähnchenkeulen im Gelenk teilen, salzen und pfeffern. Das Olivenöl in einem kleinen Bräter erhitzen. Die Keulen von allen Seiten anbraten, bis sie goldgelb sind, dann aus dem Topf nehmen. Den Bratfond mit dem Weißwein ablöschen und die Flüssigkeit fast vollständig einkochen lassen. Die Fenchelsamen im Mörser leicht andrücken und mit den Kartoffeln, Kräutern, Schalotten und Knoblauchzehen im Topf verteilen. Die Hühnchenstücke darauflegen und so viel Brühe angießen, dass die gebräunte Hühnerhaut gerade eben unbedeckt bleibt. Aufkochen lassen und unbedeckt im heißen Ofen 35 Minuten backen. Die Keulen ab und zu mit Schmorflüssigkeit beträufeln.

In der Zwischenzeit die Tomaten überbrühen, häuten, entkernen und grob würfeln. Die Oliven in Streifen vom Kern schneiden. Die Sauce mit Salz und Pfeffer abschmecken, Oliven und Tomaten dazugeben und weitere 10 Minuten garen. Die Knoblauchzehen auf dem Teller aus ihren Häutchen drücken und auf geröstetes Baguette streichen. Schmeckt himmlisch!

Ligurisches Stubenküken

Für vier Personen

2 Stubenküken

4 Schalotten

2 Knoblauchzehen

6 Blättchen Salbei

20 entsteinte Taggiasca-Oliven

2 Esslöffel Olivenöl

½ unbehandelte Zitrone

Salz, Pfeffer

¼ l Weißwein

Den Backofen auf 180 Grad vorheizen.

Die Stubenküken innen und außen mit Pfeffer und Salz würzen. 2 Schalotten schälen, längs in Spalten schneiden und jeweils mit einem Blatt Salbei in die Küken stecken. Die restlichen Schalotten und die Knoblauchzehen schälen, die Zitrone achteln. Die Küken mit Küchengarn binden, sodass die Flügel und Keulen am Körper anliegen. Das Öl in einem Bräter erhitzen und die Küken auf beiden Schenkelseiten goldbraun anbraten. Die Vögel auf den Rücken legen, Schalotten, Knoblauch, die restlichen Salbeiblätter, Oliven und die Zitronenachtel dazugeben. Die Küken im heißen Ofen circa 35 bis 40 Minuten braten. Sie sind gar, wenn klarer Saft austritt, wenn Sie mit einer Gabel zwischen Schenkel und Brust piksen. Die Küken mit Alufolie abdecken und auf einer Platte im abgeschalteten Ofen warm halten. Die Zitronenstücke aus dem Bratfond fischen und wegwerfen. Die Oliven ebenfalls herausfischen, aber aufheben. Die Bratensauce mit Weißwein ablöschen und etwas einkochen lassen. Mit dem Schneidstab aufmixen und die Oliven wieder dazugeben. Schmeckt, mit einem Safranrisotto serviert, wie Urlaub in Italien.

Die Taggiasca-Olive hat ihren Namen vom kleinen Städtchen Taggia an der ligurischen Küste, wenige Kilometer von Imperia entfernt. Sie wächst hier bis auf eine Höhe von 800 Metern. Äußerlich sind die kleinen, grau-beigen bis dunkelbraunen Oliven eher unscheinbar. Dafür trumpfen sie mit ihrem mild-nussigen Geschmack auf. Aus ihnen wird ein duftendes, zartes Olivenöl gepresst, das als das „Gold Liguriens" bezeichnet wird.

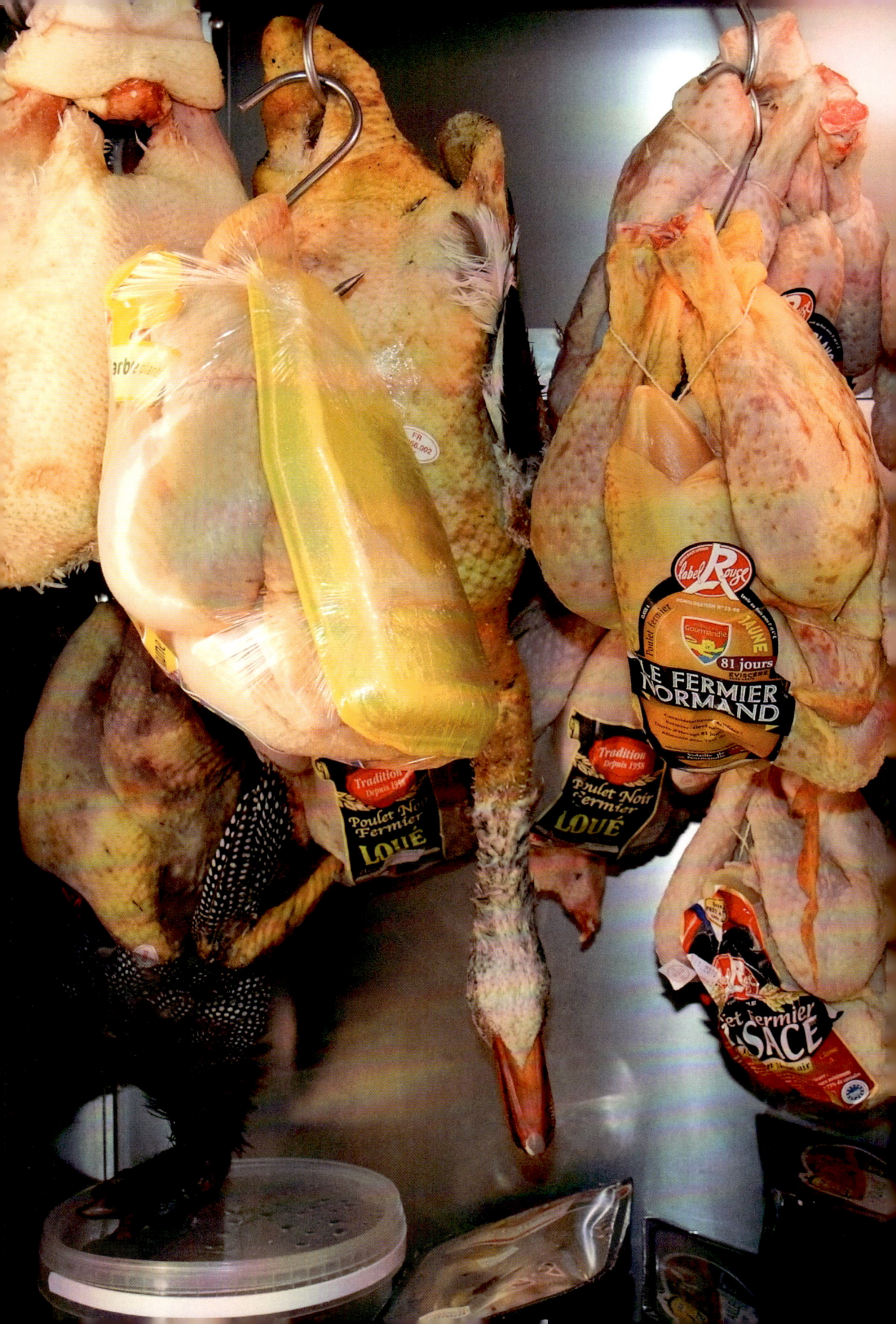

Perlhuhnbrust mit glasierten Kürbisspalten

Für vier Personen

4 Perlhuhnbrüste

1 Esslöffel Butterschmalz

1 Esslöffel Öl

700 g Butternusskürbis

2 cm frischer Ingwer

1 rote Chilischote

1 Esslöffel Olivenöl

1 Teelöffel Honig

30 g Butter

Salz, Pfeffer

Die Perlhuhnbrüste mit Salz und Pfeffer würzen. Das Öl in einer Pfanne erhitzen und die Brüste bei mittlerer Hitze zunächst auf der Hautseite 2 Minuten braten, wenden und weitere 2 Minuten braten. Die Perlhuhnbrüste aus der Pfanne nehmen, auf dem Rost mit der Hautseite nach oben 35 Minuten garen.

Den Kürbis in circa 3 cm dicke Spalten schneiden, entkernen und schälen. Den Ingwer schälen und fein würfeln. Die Chilischote waschen und in feine Ringe schneiden. Das Öl in einer Pfanne erhitzen und die Kürbisspalten bei mittlerer Hitze von jeder Seite 2 Minuten anbraten. Den Ingwer und die Chilischote zugeben und kurz mitbraten. Den Honig und 100 ml Wasser dazugeben und zugedeckt etwa 5 bis 7 Minuten garen, bis der Kürbis weich ist, dabei einmal wenden. Die Butter zugeben und die Kürbisspalten darin schwenken, bis sie rundum mit Butter überzogen sind. Mit Salz und Pfeffer würzen.

Das Butterschmalz in einer Pfanne erhitzen. Die Perlhuhnbrüste aus dem Ofen nehmen und auf der Hautseite in der heißen Butter goldbraun braten und mit den Kürbisspalten servieren.

Das Perlhuhn habe einen üblen Charakter, es sei streit- und rauflustig und habe ein unstillbares Bedürfnis, seine Umgebung mit misstönendem Geschrei zu belästigen – so wird es unisono in der Fachliteratur beschrieben. Einig sind sich alle Autoren auch darüber, dass es das schönste aller Hühner ist. Sein schwarzes Gefieder ist mit einem wunderhübschen weißen Tupfenmuster überzogen, einziger Makel ist sein kahler, faltiger Kopf. Das Perlhuhn stammt ursprünglich aus Afrika, wo es als Wildvogel in der Savanne lebt. Es schläft auf den obersten Zweigen der höchsten Bäume und verweigert sich der Intensivhaltung und Zucht. Lediglich in Frankreich gibt es dank großer Volieren, die dem Freiheitsdrang der Vögel genügend Raum lassen, eine bescheidene Perlhuhnzucht. Es hat köstliches Fleisch, dunkler als von anderem Geflügel, mit einem dezenten Wildgeschmack.

Gefüllte Wachteln

Für vier Personen

2 Scheiben Weißbrot

2 bis 3 Esslöffel Sahne

4 Zweige glatte Petersilie

2 Zweige Thymian

5 Scheiben Fenchelsalami

3 Hühner- oder Entenlebern

1 Schalotte

1 Teelöffel Butter

1 Ei

1 Teelöffel Fenchelsamen

Salz, Pfeffer

4 küchenfertige Wachteln

Salz, Pfeffer

4 Scheiben grüner, ungeräucherter Speck

1 Esslöffel Butterschmalz

Küchengarn

Den Backofen auf 180 Grad vorheizen.

Das Weißbrot entrinden, klein würfeln und in der Butter goldbraun braten. Die abgekühlten Brotwürfel in der Sahne einweichen. Die Petersilie waschen, trocken tupfen, die Blättchen abzupfen und fein hacken. Die Thymianblättchen abzupfen. Die Fenchelsalami fein würfeln. Die Leber putzen, Haut und Sehnen entfernen und in kleine Würfel schneiden. Die Schalotte schälen und in feine Würfel schneiden. Die Butter in einer Pfanne erhitzen, die Schalotte glasig andünsten. Mit den Brotwürfeln und dem Ei vermischen, Leber, Salami, Petersilie und Thymian unterheben. Die Masse mit im Mörser angedrückten Fenchelsamen, Salz und Pfeffer würzen. Die Farce mit einem Löffel in die Wachteln füllen und die Vögel mit Salz und Pfeffer einreiben. Die Wachteln mit dem Speck umwickeln und mit Küchengarn fixieren, Keulen und Flügel an den Körper binden. Das Butterschmalz in einem Bräter erhitzen und die Vögel bei mittlerer Hitze rundum anbraten. Im heißen Ofen weitere 20 Minuten braten, dabei öfter mit dem entstandenen Bratenfond begießen. Die Wachteln herausnehmen, den Speck entfernen und nochmals 5 Minuten in den Ofen stellen, bis die Haut schön gebräunt ist.

Entenbrust mit Apfelspalten und Weintrauben

Für vier Personen

3 Entenbrüste

1 Teelöffel Butterschmalz

2 säuerliche Äpfel, z. B. Elstar

300 g kernlose Weintrauben

Saft von ½ Zitrone

40 g Butter

1 Esslöffel Zucker

40 ml Calvados

¼ l Federweißer

Salz und Pfeffer

1 Teelöffel Honig

Die Haut der Entenbrüste mit einer Gabel mehrmals einstechen. Die Entenbrüste salzen und pfeffern. In einer beschichteten Pfanne im heißen Butterschmalz zunächst auf der Hautseite 5 Minuten braten, wenden und auf der Fleischseite im ausgetretenen Fett 3 Minuten braten. Die Entenbrüste nebeneinander mit der Hautseite nach oben in eine feuerfeste Form legen und mit Alufolie abdecken.

Die Äpfel schälen, vierteln und das Kerngehäuse entfernen. Die Viertel in gleich große Spalten schneiden und mit Zitronensaft benetzen, damit sie nicht braun werden. Die Weintrauben waschen, trocken tupfen und halbieren.

Den Backofen auf 160 Grad vorheizen.

Die Butter mit dem Zucker in einer Pfanne auflösen, bis sich ein hellbrauner Karamell gebildet hat. Die Apfelspalten dazugeben und im Karamell schwenken, bis sie gleichmäßig damit überzogen sind. Den Calvados angießen und verdampfen lassen (wer mag kann den Alkohol flambieren), den Federweißen dazugießen und kurz einkochen lassen. Die Äpfel mit einer Schaumkelle herausheben und beiseite stellen. Den Fleischsaft, der sich in der feuerfesten Form gesammelt hat, in die Sauce geben und etwa 15 Minuten köcheln lassen, mit Salz und Pfeffer abschmecken.

Inzwischen die Entenbrüste auf der Hautseite dünn mit Honig bestreichen. Die Sauce in die Form gießen und die Apfelspalten um die Entenbrüste legen. Die Form für 15 Minuten in den heißen Ofen schieben. Nach 5 Minuten die Trauben dazugeben. Die Entenbrüste aus dem Ofen nehmen, mit Alufolie bedeckt 5 Minuten ruhen lassen. Diagonal in Scheiben schneiden und auf 4 Teller verteilen. Mit den Apfelspalten und Weintrauben umlegen und mit der Sauce beträufeln. Dazu passt am besten ein klassisches Kartoffelpüree mit Milch, Butter und Muskat.

Wenn Sie das Gericht außerhalb der Federweißen-Saison kochen, können Sie den neuen Wein durch einen trockenen Weißwein ersetzen.

Gänsekeulen mit Kräuterbröseln gefüllt und Apfelrotkohl

Für vier Personen

4 Gänsekeulen, den Oberschenkelknochen vom Geflügelhändler entfernen lassen

Salz und Pfeffer

1 Teelöffel Gänseschmalz

¼ l trockener Weißwein

eventuell 2 Esslöffel Crème fraîche

1 Bund Bärlauch

½ Bund glatte Petersilie

2 Zweige Rosmarin

4 Stängel Thymian

2 rote Zwiebeln

2 Esslöffel Olivenöl

½ Teelöffel Szechuan-Pfeffer

etwa 50 g frisch geriebene Semmelbrösel

1 unbehandelte Zitrone

Salz, Pfeffer

hölzerne Zahnstocher

Bärlauch und Petersilie waschen, trocken schleudern, die Petersilienblättchen abzupfen, alles sehr fein hacken. Rosmarin- und Thymianblättchen abzupfen und ebenfalls sehr fein hacken. Die Zwiebeln schälen, in feine Würfel schneiden und im Olivenöl glasig dünsten. 1 Esslöffel der gehackten Kräuter beiseite stellen, den Rest mit den abgekühlten Zwiebeln und so viel Semmelbrösel vermischen, dass die Konsistenz kompakt, aber nicht zu trocken wird. Den Szechuan-Pfeffer im Mörser zerstoßen, die Zitronenschale abreiben und beides unter die Kräuterbrösel mischen. Mit etwas Salz abschmecken.

Den Backofen auf 140 Grad vorheizen.

Die Gänsekeule aufklappen, in den Hohlraum jeweils ¼ der Kräuterbrösel füllen und die Taschen mit einem Zahnstocher verschließen. Die Gänsekeulen mit Salz und Pfeffer einreiben. Das Schmalz in einem Bräter erhitzen und die Keulen scharf auf beiden Seiten anbraten. Den Bräter in den heißen Ofen schieben und die Keulen circa 3 ½ Stunden garen. Nach 1 Stunde ⅛ l Wein angießen. Die Keulen jede halbe Stunde mit dem entstandenen Bratensaft übergießen. Die Keulen sind gar, wenn sich das Fleisch der Unterkeule vom Knochen zu lösen beginnt. Die Keulen aus dem Bräter nehmen und im abgeschalteten Ofen warm stellen. Den restlichen Wein in den Bratensaft gießen und den Rest der gehackten Kräuter unterrühren. Kurz einkochen lassen und die Sauce über die Keulen gießen.

Wer die Sauce etwas sämiger und gehaltvoller mag, kann zwei Esslöffel Crème fraîche unterrühren.

Ideale Begleiter sind Selleriepüree, Rezept auf Seite 121, und Apfelrotkohl.

Apfel-Rotkohl

Für vier Personen

1 mittelgroßer Rotkohl,
etwa 1 kg

250 g Zwiebeln

2 säuerliche Äpfel, z. B. Boskop

2 Esslöffel Gänseschmalz

4 Esslöffel Zucker

Salz, Pfeffer

150 ml Portwein

150 ml Orangensaft

1 Lorbeerblatt

2 Nelken

1 Teelöffel Wacholderbeeren

1 Teelöffel Piment

1 Schuss Rotweinessig

2 Esslöffel Preiselbeeren,
eingelegt, aus dem Glas

Ingwer

Den Rotkohl halbieren, die äußeren Blätter ablösen und den Strunk herausschneiden. Den Rotkohl mit einem scharfen Messer in möglichst feine Streifen schneiden. Die Zwiebeln schälen und fein würfeln. Die Äpfel schälen und vierteln, das Kerngehäuse entfernen und die Viertel in grobe Scheiben schneiden. Das Schmalz in einem schweren Topf erhitzen, die Zwiebeln mit dem Zucker bei milder Hitze 1 Minute dünsten. Rotkohl und Ingwer zugeben und unter Rühren 3 bis 4 Minuten dünsten. Mit Salz und Pfeffer würzen, Portwein und Orangensaft angießen, das Lorbeerblatt hineinlegen und zugedeckt bei milder Hitze garen.

In der Zwischenzeit Piment, Nelken und Wacholder im Mörser sehr fein zerstoßen. Die Gewürze nach 30 Minuten zum Rotkohl geben, einen Schuss Rotweinessig dazugießen und die Preiselbeeren unterrühren. Den Rotkohl weitere 30 Minuten köcheln lassen, vor dem Servieren mit Salz und Pfeffer abschmecken.

und Äpfel

Fasan nach Winzer Art

Für sechs Personen

2 küchenfertige Fasane
Salz, Pfeffer
8 Scheiben weißer Speck
2 Rosmarinzweige
1 Zwiebel
1 Stück Knollensellerie
½ Karotte
200 ml Geflügelbrühe
1 Esslöffel Butterschmalz
etwas Madeira oder Sherry
1 Esslöffel Butter
300 g geschälte Walnüsse
300 g Weintrauben
Küchengarn

Den Backofen auf 200 Grad vorheizen.

Die Fasane unter fließendem Wasser waschen und mit einem Tuch sehr gut trocknen. Innen und außen leicht salzen und pfeffern und jeweils 1 Rosmarinzweig in die Bauchhöhle legen. Pro Fasan 4 Speckscheiben über Brust und Keulen legen und mit Küchengarn gut fixieren. Zwiebel, Sellerie und Karotte schälen und in grobe Stücke schneiden.

Das Butterschmalz in einem Bräter erhitzen und die Fasane bei mittlerer Hitze auf beiden Keulenseiten anbraten. Die Vögel herausnehmen und das Gemüse anbraten. Mit der Geflügelbrühe ablöschen und den Fasan auf dem Rücken in den Bräter legen. Im heißen Backofen auf der mittleren Schiene 30 Minuten braten. Keulen und Brust immer wieder mit dem ausgetretenen Bratensaft beträufeln. Den Bräter aus dem Ofen nehmen, den Speck entfernen und den Bratensaft durch ein Sieb in einen kleinen Topf gießen. Den Fasan wieder in den Ofen schieben und weitere 15 Minuten braten, bis die Haut schön goldbraun ist.

In der Zwischenzeit den Bratensaft etwas einkochen lassen, einen Schuss Madeira oder Sherry angießen und mit Salz und Pfeffer abschmecken. Die Trauben waschen, halbieren und entkernen (wer genügend Zeit und Muße hat, kann die Trauben zusätzlich schälen). Die Butter in einer Pfanne erhitzen, die grob zerkleinerten Walnüsse dazugeben und 1 Minute unter Rühren braten. Die Trauben zu den Nüssen geben und nochmals gut durchschwenken. Die Fasane aus dem Ofen nehmen und tranchieren. Die Nüsse und Trauben darauf verteilen, die Sauce separat servieren.

„Voltaire nannte den Fasan einen Braten der Götter. Ein Fasan allerdings, der zur falschen Zeit gebraten wird, schmeckt nicht besser als ein Huhn. Entscheidend ist: Ein Fasan, der eine Delikatesse sein soll, muss gut abgehangen sein. Und er darf kein Jahr alt sein! Sie erkennen das am Sporn hinten, 3 bis 4 cm über dem Fuß: Dieser darf nicht lang und spitz sein, sondern klein und stumpf, sonst haben Sie einen alten Vogel vor sich. Hat der aber schon mal die Kerzen auf seinem Geburtstagskuchen ausgeblasen, kriegen Sie ihn nur noch in der Suppe weich", schreibt Wolfram Siebeck zum Thema Fasan. Wo er Recht hat, hat er Recht.

Provenzalische Kaninchenroulade

Für vier Personen

2 Knoblauchzehen

4 Zweige Thymian

4 getrocknete Tomaten in Öl

300 g Tomaten

25 g Pinienkerne

4 Kaninchenrückenfilets mit Bauchlappen

150 g dünn geschnittener Bauchspeck

2 Esslöffel Tapenade, schwarze Olivenpaste aus dem Glas

abgeriebene Schale ½ unbehandelten Zitrone

2 Esslöffel Olivenöl

Salz, Pfeffer

1 Schuss Pastis

¼ l Geflügelfond

2 Lorbeerblätter

Salz und Pfeffer

Den Backofen auf 160 Grad vorheizen.

Die Knoblauchzehen schälen und in dünne Scheiben schneiden, die Thymianblättchen abzupfen. Die getrockneten Tomaten abtropfen lassen und in feine Streifen schneiden. Die frischen Tomaten überbrühen, häuten, entkernen und in kleine Würfel schneiden. Die Pinienkerne in einer Pfanne ohne Fett goldgelb rösten.

Die Kaninchenfilets längs einschneiden und aufklappen. Die Filets mit den Bauchlappen auf die Arbeitsfläche legen und mit einem Fleischklopfer vorsichtig etwas flacher klopfen. Mit Salz und Pfeffer würzen und mit dem Speck belegen. Die Olivenpaste gleichmäßig darauf verstreichen. Knoblauch, die Hälfte des Thymians und die Zitronenschale auf den Filets verteilen und zu Rouladen aufrollen. Mit Küchengarn fest zusammenbinden und rundum mit Salz und Pfeffer einreiben. Das Olivenöl in einem Bräter erhitzen und das Fleisch auf allen Seiten goldbraun anbraten. Die Rouladen aus dem Bräter nehmen, die getrockneten und frischen Tomaten sowie den Thymian im Bratfett schwenken, mit Salz und Pfeffer würzen und mit einem Schuss Pastis ablöschen. Den Fond angießen, einmal aufkochen lassen und die Rouladen mit den Lorbeerblättern in die Tomatensauce legen. Im heißen Ofen 15 Minuten braten.

Die Kaninchenrouladen aus ihrer Verschnürung befreien, in Alufolie einschlagen und in der Restwärme des Ofens warm halten. Die Sauce etwas einkochen lassen und mit Salz und Pfeffer abschmecken. Die Rouladen quer in Scheiben schneiden, mit der Sauce überziehen und die gerösteten Pinienkerne drüberstreuen.

Dazu passen sehr gut selbst gemachte Nudeln, gratinierte Polenta, Rezept auf Seite 106, oder „Gnocchi alla romana", Seite 99.

Hasenpfeffer mit Schalotten, Speck und Champignons

Für vier Personen

4 Wildhasenkeulen

5 Esslöffel Öl

3 Esslöffel Tomatenmark

2 Esslöffel Mehl

1 Esslöffel Kartoffelstärke

½ l Wildfond oder Brühe

300 g kleine Schalotten

400 g kleine Champignons

200 g durchwachsener Speck, in 2 mm dicke Scheiben geschnitten

2 Esslöffel Butter

½ Teelöffel Zucker

2 Esslöffel Weißweinessig

2 Esslöffel Preiselbeeren aus dem Glas

Aceto balsamico

Salz, Pfeffer, Zimt, Muskatnuss

Marinade

1 Karotte

1 Zwiebel

½ Stange Lauch

1 Stück Knollensellerie

1 unbehandelte Orange

½ l Rotwein

⅛ l Rotweinessig

2 Lorbeerblätter

6 Wachholderbeeren

1 Esslöffel gestoßener Pfeffer

6 Pimentkörner, im Mörser grob zerstoßen

Beckenknochen und Haut der Hasenkeulen vom Wildhändler entfernen und die Keulen jeweils in drei Stücke teilen lassen.

Für die Marinade das Gemüse waschen, putzen oder schälen und in grobe Würfel schneiden. Die Orange waschen und mit der Schale in Würfel schneiden. Wein und Essig zusammen aufkochen, die Gemüsewürfel und die Gewürze dazugeben. Die Marinade lauwarm abkühlen lassen. Keulenstücke in eine passende Schüssel legen und mit der Marinade übergießen, sodass sie komplett von der Flüssigkeit bedeckt sind. Im Kühlschrank 5 bis 7 Tage marinieren lassen.

Die Hasenkeulen aus der Marinade nehmen, die Flüssigkeit durch ein Sieb gießen. Die Gemüsewürfel abtropfen lassen, die Marinade aufbewahren.

2 Esslöffel Öl in einem Bräter erhitzen und das Tomatenmark unter ständigem Rühren anbraten. Immer wieder mit wenig Wasser ablöschen und reduzieren lassen. Diesen Vorgang so lange wiederholen, bis das Tomatenmark dunkelbraun geworden ist. Das Gemüse aus der Marinade trockentupfen und zum Tomatenmark geben, gut unterrühren. Den Bräter vom Herd ziehen und das Gemüse mit Mehl und Kartoffelmehl bestäuben. So lange rühren, bis das Mehl vollkommen aufgenommen ist. Die Marinade und die Brühe oder den Fond angießen und mit dem Gemüse gründlich verrühren. Die Sauce bei mittlerer Hitze zum Kochen bringen. Gut Rühren, damit sich das Mehl nicht am Topfboden absetzt und anbrennt.

Die Hasenkeulen abtrocknen und mit Salz und Pfeffer würzen. In einer Pfanne in 2 Esslöffeln Öl bei mittlerer Hitze rundum anbraten. Die Keulen in die Sauce geben und etwa 2 ½ Stunden bei kleiner Hitze köcheln lassen, bis das Fleisch weich und mürbe ist. In der Zwischenzeit die Schalotten schälen, die Pilze putzen und den Speck in Streifen schneiden. Die Schalotten in 1 Esslöffel Butter und 1 Esslöffel Öl hellbraun braten, den Zucker zugeben und karamellisieren lassen. Mit dem Essig ablöschen, mit wenig Salz würzen und 10 Minuten zugedeckt garen. Falls die Flüssigkeit zu stark einkocht, etwas Wasser angießen. Den Speck in der restlichen Butter anbraten, die Pilze dazuge-

ben und 3 bis 4 Minuten mitbraten, salzen und pfeffern. Die gegarten Schalotten dazugeben.

Die Keulen herausnehmen und die Sauce durch ein feines Sieb gießen, dabei die Gemüsestücke gut ausdrücken. Die Sauce mit Salz, Pfeffer, Muskat, einer Prise Zimt, Preiselbeermarmelade und Aceto balsamico abschmecken und besonders auf die Balance zwischen Säure und Süße achten. Die Keulen zurück in die Sauce geben, noch mal kurz erhitzen und mit den Schalotten-Speck-Champignons servieren.

Mit Spätzle oder Schupfnudeln ist der Hasenpfeffer ein wahrer Festtagsschmaus.

Rehfrikadellen

Für vier Personen

100 g Brötchen vom Vortag

⅛ l Milch

⅛ l Sahne

1 Zweig Rosmarin

3 Zweige Thymian

1 kleiner Bund glatte Petersilie

1 Zwiebel

1 Knoblauchzehe

1 Teelöffel Butter

250 g Rehfleisch aus der Keule

100 g Schweinehals

80 g grüner Speck, unge-
räucherter Rückenspeck
vom Schwein

2 Eier

1 Teelöffel Dijon-Senf

1 Teelöffel Salz, Muskatnuss

Cayennepfeffer

1 Messerspitze gemahlene
Nelken

abgeriebene Schale von
¼ unbehandelten Orange

1 Esslöffel Rapsöl

Die Brötchen vom Vortag in Würfel schneiden und mit wenig Salz würzen. Milch und Sahne erhitzen und die Brötchenwürfel damit begießen. Die Kräuter waschen und trocken schleudern, die Blättchen abzupfen und fein hacken. Zwiebel und Knoblauch schälen, in kleine Würfel schneiden und in der Butter glasig dünsten. Die Pfanne vom Herd ziehen und die Kräuter untermischen.

Das Rehfleisch zusammen mit dem Schweinefleisch und dem grünen Speck klein schneiden und durch die mittlere Scheibe des Fleischwolfes drehen. Die eingeweichten Brötchen ebenfalls durch den Fleischwolf lassen, auf diese Weise bleibt kein Fleisch im Wolf hängen. Wenn Sie keinen Fleischwolf haben, können Sie das Fleisch mit einem schweren Kochmesser in winzige Würfelchen zerlegen. Aber nicht zu Matsch zerhacken, die Frikadellen werden sonst unangenehm glitschig. Den Fleischteig mit den Kräuter-Zwiebeln und den Eiern gut vermengen und mit Senf, Salz, Muskatnuss, Cayennepfeffer, Nelken und Orangenschale würzen. Aus dem Fleischteig mit feuchten Händen 8 Frikadellen formen. Das Öl in einer Pfanne erhitzen und die Frikadellen bei mittlerer Hitze auf beiden Seiten jeweils 5 bis 6 Minuten braten, bis sie schön goldbraun sind. Die Frikadellen herausnehmen und auf einem Küchenpapier abtropfen lassen.

Sie passen ausgezeichnet zum Kartoffelsalat auf Seite 56.

Hirschmedaillons mit Pfifferlingen

Für vier Personen

8 Hirschrückenmedaillons
à 80 g

8 Scheiben durchwachsener
Speck und 50 g am Stück für
die Pfifferlinge

400 g Pfifferlinge

1 Schalotte

½ Bund glatte Petersilie

2 Esslöffel Öl

1 Esslöffel Butter

125 g Sahne

Salz, Pfeffer

8 Zahnstocher

Den Backofen auf 100 Grad vorheizen.

Die Hirschmedaillons jeweils mit einer Speckscheibe umwickeln und mit einem Zahnstocher fixieren. Mit wenig Salz und Pfeffer würzen. Die Pfifferlinge mit einem Tuch oder einer Pilzbürste gründlich putzen. Die Schalotte schälen und in feine Würfel schneiden. Den Speck ebenfalls in Würfel schneiden. Die Petersilie waschen, trocken schleudern und fein hacken. Den Speck in einer Pfanne in 1 Teelöffel Öl anbraten, die Schalottenwürfel dazugeben und glasig andünsten. Die Butter und die Pfifferlinge dazugeben. Die Pilze 4 bis 5 Minuten braten, mit Salz und Pfeffer würzen und mit der Sahne ablöschen. Die Sahne auf kleiner Flamme einkochen lassen.

Das restliche Öl in einer zweiten Pfanne erhitzen und die Medaillons bei mittlerer Hitze von beiden Seiten etwa 2 Minuten braten. Die Medaillons im heißen Ofen 5 Minuten ziehen lassen. Die Petersilie zu den Pfifferlingen geben und mit den Medaillons anrichten.

Wildschweinsugo mit Pappardelle

Für vier Personen

1 kg Wildschwein aus der Schulter

1 Zwiebel

2 Knoblauchzehen

1 Karotte

2 Stangen Staudensellerie

2 Esslöffel Olivenöl

1 Esslöffel Tomatenmark

1 Flasche Rotwein

400 ml Wild- oder Rinderfond

200 g passierte Tomaten aus Glas oder Dose

1 Rosmarinzweig

1 Zweig Thymian

2 Wacholderbeeren

1 Lorbeerblatt

Salz, Pfeffer

400 g Pappardelle

Den Backofen auf 130 Grad vorheizen.

Das Fleisch von Sehnen und Haut befreien und in etwa 4 cm große Würfel schneiden. Zwiebel, Knoblauch, Karotte schälen, den Sellerie putzen und alles klein würfeln. 1 Esslöffel Olivenöl in einem Schmortopf erhitzen, das Fleisch kräftig anbraten. Das Fleisch wieder herausnehmen, das restliche Öl in den Topf geben und die Gemüsewürfel andünsten. Wenn die Zwiebeln glasig sind, das Tomatenmark dazugeben und kurz anrösten. Mit einem Glas Rotwein ablöschen und einkochen lassen. Noch einmal ein Glas Rotwein dazugießen und wieder reduzieren lassen. Das Fleisch zurück in den Topf geben, mit dem restlichen Rotwein und dem Fond auffüllen, Tomaten und Gewürze dazugeben, den Topf in den heißen Ofen schieben und 4 Stunden oder länger zugedeckt schmoren lassen. Ab und zu nachschauen, ob noch genügend Flüssigkeit vorhanden ist. Eventuell etwas Wasser angießen. Nach der Garzeit Rosmarin, Thymian und das Lorbeerblatt aus der Sauce fischen und wegwerfen. Das Fleisch herausnehmen und mit 2 Gabeln in kleine Stücke zerpflücken, wieder in den Sugo geben und mit Salz und Pfeffer abschmecken. Weitere 10 Minuten köcheln.

Die Pappardelle in reichlich Salzwasser in etwa 2 Minuten bissfest garen, abgießen und vorsichtig mit dem Sugo mischen.

Bachforellenfilets auf Alblinsen

Karl-Heinz Mutschler, Zebundus

Für vier Personen

Linsengemüse

200 g Alblinsen

30 g geräucherter Speck

1 Schalotte

2 Esslöffel Butter

200 ml Weißwein

200 ml Gemüsebrühe

1 Lorbeerblatt

1 Rosmarinzweig

1 Esslöffel Apfel-Balsamico-essig

Salz, Pfeffer

Fisch

4 Bachforellen mit Haut, vom Fischhändler filetiert

Salz, Pfeffer

2 gehäufte Esslöffel Mehl

2 Esslöffel Olivenöl

1 Teelöffel Butter

1 Rosmarinzweig

Die Linsen waschen und gut abtropfen lassen. Den Speck in linsengroße Würfel schneiden. Die Schalotte schälen und in feine Würfel schneiden. Die Schalotte und den Speck in der Butter glasig dünsten. Die Linsen dazugeben, von allen Seiten im Bratfett wenden und mit Wein und Brühe auffüllen. Lorbeerblatt und Rosmarinzweig in einem Kräutersäckchen mitkochen. Auf kleiner Flamme zugedeckt 35 bis 40 Minuten köcheln lassen, die Linsen sollen noch einen leichten Biss haben. Den Essig dazugeben und mit Salz und Pfeffer abschmecken.

Kurz bevor die Linsen gar sind, die Bachforellen waschen, trockentupfen und von beiden Seiten salzen und pfeffern. Im Mehl wenden, überschüssiges Mehl abklopfen. Das Öl erhitzen und die Filets mit der Haut nach oben in die Pfanne legen. 3 Minuten braten, wenden und auf der anderen Seite in 3 Minuten fertig braten, bis die Haut schön kross ist. Nach der Hälfte der Bratzeit die Butter und den Rosmarinzweig dazugeben und die Filets immer wieder mit der Rosmarinbutter begießen.

Alblinsen, auf Schwäbisch Alb-Leisa, wurden bis in die fünfziger Jahre des 20. Jahrhunderts fast überall auf der Schwäbischen Alb angebaut. Einige Jahre später waren sie verschwunden – schuld waren die niedrigen Erträge, der hohe Arbeitsaufwand und die billigere Konkurrenz aus Südeuropa. Seit 1985 baut die Öko-Erzeugergemeinschaft wieder Alb-Leisa an. Allerdings nicht die Original-Alblinse – denn selbst in einer Sorten-Genbank ließ sich keine einzige echte Alblinse mehr auftreiben –, sondern die kleine, grüne, französische Puy-Linse. Sie hat sich unter den Anbaubedingungen der Schwäbischen Alb gut bewährt, bleibt schön stabil beim Kochen und schmeckt hervorragend.

Seit 2006 besteht die berechtigte Hoffnung, die alten Alb-Leisa bald wieder genießen zu können: einige hundert Linsen der Sorten „Späth´s Alblinse 1 und 2" aus den 1940er und 1950er Jahren, die jahrzehntelang verschwunden waren, wurden in der Wawilow-Genbank in St. Petersburg entdeckt und werden zur Zeit vermehrt.

Provenzalischer Karpfen

Für vier Personen

800 g Karpfenfilet, vom Fischhändler enthäuten lassen

200 g Champignons

2 Schalotten

2 Knoblauchzehen

2 Rosmarinstängel

3 Thymianstängel

3 Stängel Basilikum

4 Stängel Blattpetersilie

½ Bund Schnittlauch

2 Esslöffel Butter

⅛ l Rotwein, z. B. Côtes de
Provence

⅛ l Olivenöl

Salz, Pfeffer

Das Fischfilet in 3 cm große Würfel schneiden. Die Champignons mit einem Pinsel von der Erde befreien und das Stielende
abschneiden, die Pilze vierteln. Die Schalotten schälen und
sehr fein schneiden, den Knoblauch schälen und fein hacken.
Die Kräuter waschen, abzupfen und fein hacken, den Schnittlauch in dünne Röllchen schneiden.

In einer großen Pfanne, in der die Fischstücke nebeneinander Platz haben, die Butter schmelzen und die Schalotten bei
milder Hitze anbraten. Den Knoblauch und die Champignons
dazugeben und kurz mitbraten. Die Karpfenstücke in die Pfanne
legen und Rotwein und Öl angießen. Die Kräuter dazugeben und
alles zugedeckt bei mittlerer Hitze etwa 5 Minuten köcheln
lassen. Die Fischstücke mit einer Schaumkelle herausheben
und warmstellen. Den Sud aufkochen und einige Minuten reduzieren, mit Salz und Pfeffer abschmecken und zusammen mit
dem Fisch servieren.

Rotbarsch in der Folie gegart

Rüdiger Stock, Fisch-Feinkost Stock

Für vier Personen

4 Rotbarschfilets à 200 g

12 Kirschtomaten

2 Schalotten

12 grüne Oliven

4 Basilikumblätter

4 Stängel glatte Petersilie

2 Esslöffel Olivenöl

1 Zitrone

Salz, Pfeffer

4 Stücke Alufolie
à 30 x 30 cm

Den Backofen auf 180 Grad vorheizen.

Die Rotbarschfilets waschen, trocken tupfen und leicht salzen und pfeffern. Die Kirschtomaten waschen und vierteln. Die Schalotten schälen und längs achteln. Die Oliven entkernen und vierteln. Die Kräuter waschen und trocken tupfen. Jeweils eine Alufolie mit Olivenöl einpinseln, ein Fischfilet in die Mitte legen und mit Zitronensaft beträufeln. Jeweils 1 Petersilienstängel, 1 Basilikumblatt und ¼ der Tomaten-, Schalotten- und Olivenstücke darauf legen, mit Salz und Pfeffer würzen und mit Olivenöl beträufeln. Die Folie locker nach oben einschlagen und sehr gut verschließen. In den Päckchen muss noch genügend Luft sein, damit sich Dampf entwickeln kann und der Fisch im eigenen Saft gart. Die Folienpakete auf dem Gitterrost in den heißen Ofen schieben und 10 Minuten garen.

Die Päckchen auf Teller legen und erst bei Tisch öffnen, damit jeder Esser in den Genuss des herrlichen Aromas kommt, wenn die Folie auseinandergefaltet wird.

Eigentlich will man nur ein Fischfilet fürs Abendessen kaufen und dann erzählt Rüdiger Stock von Fischfeinkost Stock so engagiert und interessant über das komplexe Thema Fisch, dass man die Zeit vergisst. Am Schicksal des Lachses erklärt er beispielhaft den ganzen Wahnsinn, den die Menschen Meeren und Flüssen angetan haben. Im 19. Jahrhundert gab es so viel Lachs, dass sich das Dienstpersonal das Recht erstritt, ihn nicht häufiger als zweimal in der Woche essen zu müssen. Dann wurden die Meere überfischt, die Flüsse verschmutzt und verbaut und der Lachs wurde immer rarer. Gleichzeitig erlebte er einen kometenhaften Aufstieg in der Gourmetküche: Lachs in Sauerampfersauce war in den siebziger Jahren das meistkopierte Gericht der feinen Küche. Genauso plötzlich war er dann nicht mehr fein genug. Weil die Konsumenten immer mehr Lachs wollten und die Flüsse und Meere nicht genug davon lieferten, begann man ihn im großen Stil zu züchten. In tausenden von Lachsfarmen wurden die Zuchtlachse in schwimmende Käfige eingesperrt, bekamen Krankheiten und Parasiten, die man mit Antibiotika bekämpfte. Das „Schwein der Meere" nannten Umweltschützer den einst so noblen Fisch, unter Gourmets war er jahrelang verpönt. Heute ist der Lachs wieder zurückgekehrt in die feine Küche. Zwar gibt es vom atlantischen Wildlachs nur noch sehr geringe Vorkommen, beim pazifischen sieht es etwas besser aus. Aber es gibt gute Alternativen zum „echten" Wildlachs, insbesondere den „halbwilden" Zuchtlachs. Dafür werden junge Lachse in Gefangenschaft gezüchtet und dann in Flüssen ausgesetzt. Erst wenn die Tiere nach Jahren zum Laichen in diese Flüsse zurückkehren, werden sie gefangen. Auch Bio-Zuchtlachs ist eine gute Option – besonders die Tiere aus Off-Shore-Haltung, die 20 bis 30 Meilen vor der schottischen und irischen Küste leben und deutlich weniger eng zusammengepfercht sind als ihre Verwandten in konventionellen Aqua-Farmen. Der Geschmack von Bio-Lachs kommt dem von wilden Lachsen sehr nah. Konventioneller Zuchtlachs ist fetthaltiger als Bio-Lachs und sein Geschmack eher neutral. Rüdiger Stock bevorzugt zertifizierten Fisch, achtet sehr genau auf Nachhaltigkeit, Fangquoten und Überfischung. Er weiß, welche Arten in intakten Beständen leben und umweltfreundlich gefischt werden. Er beachtet die Saisonzeiten der Fische und dennoch ist sein Angebot an Fisch, Krustentieren und Meeresfrüchten extrem üppig und reichlich. Seine Ware bezieht er aus unterschiedlichen Quellen. Atlantischer Fisch kommt per LKW, die Exoten werden eingeflogen. Heimische Süßwasserfische, Forelle, Karpfen, Felchen, Zander und Hecht liefern die Züchter aus dem Umland an. Er schaut sich die Fische gerne an, bevor er sie kauft. Das ist ihm lieber, als unbesehen am Telefon zu ordern. 1994 hat er den Stand übernommen und er isst Fisch immer noch so gerne wie damals, nur seine Präferenzen sind anders. Heute gönnt er sich mal den irischen Lachs, der ist zwar 50 Prozent teurer als der aus den anderen Fanggebieten, aber er findet, es lohne sich, „es muss ja nicht jeden Tag sein". Calamaretti, Sepia oder die kleinen Moscardini sind weitaus preiswerter, machen ein bisschen mehr Arbeit beim Putzen, sind aber nicht minder köstlich. An Festtagen darf es auch mal Hummer, Languste und Auster ein. So halten es auch seine Kunden.

Von Rüdiger Stock stammen die Rezepte für „Rotbarsch in der Folie gegart" auf Seite 195, „Cacciucco – Ligurischer Fischtopf" auf Seite 200 und „Lachstatar mit Fenchelvinaigrette" auf Seite 37.

Gegrillte Doraden

Für zwei Personen

2 Doraden à 450 bis 500 g

Salz

4 Esslöffel Olivenöl

1 Zitrone

Fleur de Sel

Die Doraden vom Fischhändler ausnehmen, aber nicht schuppen lassen. So wird die Haut beim Grillen geschützt und der Fisch bleibt saftiger.

Den Backofengrill auf höchster Stufe vorheizen. Die Fische waschen, trocken tupfen, innen und außen salzen und erneut trocken tupfen. Die Doraden ohne weitere Zutaten auf den Gitterrost legen und mit 10 cm Abstand unter die Grillschlange schieben. Ein mit Alufolie ausgelegtes Backblech unter die Fische schieben, damit der Saft nicht in den Ofen tropft.

Die Fische 5 bis 6 Minuten grillen, bis die Haut bräunt und Blasen wirft. Die Fische vorsichtig wenden und weitere 5 bis 6 Minuten grillen. Den Ofen ausschalten und noch 2 bis 3 Minuten nachgaren lassen.

Das Olivenöl – nehmen Sie Ihr allerbestes – mit einem Spritzer Zitronensaft verrühren. Die Fische sorgfältig häuten und filetieren und auf zwei Tellern anrichten. Bei Tisch etwas Zitronenöl über den Fisch träufeln, mit ein paar Körnchen Fleur de Sel würzen und wieder einmal feststellen, wie wunderbar pur zubereitete Nahrungsmittel schmecken können. Zu den Doraden passt am besten ein einfacher Kartoffelstampf mit Olivenöl oder frisches Baguette.

Toskanischer Schwertfisch

Für vier Personen:

Sauce:

1 Zwiebel

1 Knoblauchzehe

2 Stangen Staudensellerie

1 Bund glatte Petersilie

4 Stängel Basilikum

100 g schwarze Oliven

500 g Tomaten

1 Esslöffel Pinienkerne

2 Esslöffel Kapern,
am besten sehr kleine, in Salz
konservierte Exemplare

2 Esslöffel Olivenöl

100 ml trockener Weißwein

1 Lorbeerblatt

Salz, Pfeffer

Fisch:

4 Schwertfischsteaks
à 160 bis 180 g

1 unbehandelte Zitrone

2 Esslöffel Olivenöl

4 Salbeiblätter

1 Esslöffel Butter

Fleur de Sel, Pfeffer

Die Zwiebel und den Knoblauch schälen und fein hacken. Die Selleriestangen waschen, entfädeln und fein würfeln. Petersilie und Basilikum waschen, trocken schütteln und die Blättchen fein hacken. Die Oliven entsteinen und halbieren. Die Tomaten überbrühen, häuten, entkernen und grob würfeln. Die Pinienkerne ohne Fett goldbraun rösten. In Salz konservierte Kapern 10 Minuten wässern, danach gründlich abspülen. Wenn Sie Kapern in Essiglake verwenden, genügt es, sie nur abzuspülen.

1 Esslöffel Olivenöl in einer Pfanne erhitzen und Zwiebeln, Knoblauch und Sellerie andünsten. Die Tomatenwürfel unterheben, den Wein angießen und das Lorbeerblatt hineinlegen. Mit Salz und Pfeffer würzen und 20 Minuten köcheln lassen. In den letzten 10 Minuten die Oliven, die Kapern und die Pinienkerne dazugeben.

Kurz bevor die Sauce fertig ist, die Schwertfischsteaks abwaschen und trocken tupfen. Die Zitrone halbieren und die Steaks auf beiden Seiten mit einer Zitronenhälfte einreiben. Das restliche Öl in einer Pfanne erhitzen und die Steaks und den Salbei darin 2 Minuten anbraten. Die Butter dazugeben, den Fisch wenden und nochmals 2 Minuten braten, dabei immer wieder das Bratfett mit einem Löffel über die Steaks träufeln. Zum Schluss einen Spritzer Zitronensaft dazugeben. Die Steaks mit Fleur de Sel und Pfeffer würzen und auf vorgewärmten Tellern anrichten. Die Tomatensauce noch einmal abschmecken, die gehackten Kräuter darüber streuen und zu den Schwertfischsteaks servieren.

Schwertfisch darf auf keinen Fall zu lange gebraten werden, sonst schmeckt der edle Fisch strohig und trocken. Er ist perfekt, wenn er innen noch leicht glasig ist.

Seeteufelbäckchen mit Tomaten und Pastis

Für vier Personen:

600 g Seeteufelbäckchen

etwas Mehl

300 g Kirschtomaten

2 Bund Frühlingszwiebeln

3 Esslöffel Olivenöl

50 ml Pastis

Fleur de Sel, Pfeffer

Den Backofen auf 100 Grad vorheizen. Die Seeteufelbäckchen gründlich putzen, dabei von allen Häutchen und dunklen Stellen befreien. Gründlich abtrocknen und hauchdünn mit Mehl bestäuben. Die Tomaten waschen und vierteln. Die Frühlingszwiebeln waschen und putzen, die weißen und hellgrünen Teile in Ringe schneiden. Das Olivenöl in einer Pfanne erhitzen, die Bäckchen von beiden Seiten jeweils 2 Minuten kräftig anbraten. Mit dem Pastis ablöschen, die Tomaten und Frühlingszwiebeln dazugeben, mit Fleur de Sel und Pfeffer würzen. Gut durchschwenken und im heißen Backofen etwa 10 Minuten garen. Dies ist mit Sicherheit eines der schnellsten und trotzdem feinen Fischgerichte.

Als Beilage passen Baguette oder Stampfkartoffeln mit salziger Butter und Olivenöl.

Mit Kräuterbröseln überbackene Sardinen

Für vier Personen:

800 g frische Sardinen

4 Scheiben Toastbrot

3 Knoblauchzehen

1 Bund Petersilie

1 unbehandelte Zitrone

4 Esslöffel Olivenöl

Salz, Pfeffer

Die Köpfe der Sardinen abschneiden, am Bauch entlang aufschneiden, ausnehmen und die Rückengräte entfernen. Die Sardinen gut waschen und mit Küchenpapier trocken tupfen. Das Toastbrot entrinden und das weiße Innere zwischen den Händen zerreiben. Den Knoblauch schälen und sehr fein hacken. Die Petersilie waschen, trocken schleudern, die Blättchen abzupfen und fein hacken. Die Zitrone abwaschen, abtrocknen und die Schale reiben. Brotbrösel, Knoblauch, Petersilie und Zitronenschale vermischen.

Den Backofen auf 220 Grad vorheizen.
Eine Auflaufform mit Olivenöl einpinseln und eine Lage Sardinen nebeneinander hineinlegen, mit Salz und Pfeffer würzen und mit etwas Zitronensaft beträufeln. Eine Handvoll Brotkrümel darüber streuen und mit Olivenöl begießen. Die nächste Lage in derselben Reihenfolge einschichten, bis alle Zutaten aufgebraucht sind. Mit einer Schicht Brösel abschließen.
Die Sardinen im heißen Ofen 20 Minuten backen.

Cacciucco – Ligurischer Fischtopf

Rüdiger Stock, Fisch-Feinkost Stock

Für sechs Personen

8 rohe, ungeschälte Gambas mit Kopf

200 g geputzte Tintenfisch-tuben

200 g Knollensellerie

2 kleine Karotten

3 Schalotten

5 Thymianzweige

2 rote Chilischoten

5 Knoblauchzehen

3 Esslöffel Olivenöl

2 Esslöffel Butter

2 g Safran

240 ml Noilly Prat

20 ml Pastis

½ l Weißwein

1 l Geflügelfond

1 Dose Tomaten
in Stücken, 400 g

3 Stängel glatte Petersilie

200 g Doradenfilet

200 g Steinbuttfilet

120 g Rotbarbenfilet

Salz, Pfeffer, Zucker, gemahlener Koriander

1 Baguette

Den Backofen auf 120 Grad vorheizen und eine große feuerfeste Form darin vorwärmen.

Die Gambas putzen. Schale und Köpfe waschen und mit etwas Wasser in einem Topf zum Kochen bringen und 10 Minuten kö-cheln lassen. Den Sud aufheben.

Die Tintenfischtuben in 1 cm breite Ringe schneiden. Schalot-ten, Karotten und Sellerie schälen und in feine Würfel schneiden. Die Thymianblättchen abzupfen, die Chilischoten längs halbieren, die Kerne entfernen und das Fruchtfleisch fein würfeln. Die Knob-lauchzehen schälen und grob hacken. 2 Esslöffel Olivenöl und die Butter in einer Pfanne erhitzen und die Tintenfischringe zu-sammen mit den Gemüsewürfeln andünsten. Thymian, Knob-lauchzehen, Safran und Chilischote dazugeben und ebenfalls andünsten. Mit Noilly Prat, Pastis und Weißwein ablöschen und vollständig einkochen lassen. Den Gamba-Sud, den Geflügelfond und die Tomaten dazugeben und bis auf ein Viertel sämig einko-chen lassen. Mit Salz und Pfeffer würzen.

Die Petersilie waschen, trocken schleudern, die Blättchen abzupfen und fein hacken. Die Fischfilets in mundgerechte Stü-cke schneiden und zusammen mit den Gambas in der vorge-wärmten Auflaufform verteilen. Mit Salz, Pfeffer, Zucker und Kori-ander würzen. Die eingekochte Sauce darüber verteilen und mit etwas Olivenöl beträufeln. Die Petersilie darüber streuen, mit einem Stück Alufolie abdecken und 10 bis 12 Minuten im heißen Backofen ziehen lassen.

Das Baguette in 2 Zentimeter dicke Scheiben schneiden, von beiden Seiten rösten und mit einer halbierten Knoblauchzehe einreiben. Das geröstete Brot zum Fischtopf servieren.

Wildlachsfilet bei Niedrigtemperatur gegart

Für zwei Personen

2 Wildlachsfilets ohne Haut und Gräten à 200 g

50 g Butter

1 cm frischer Ingwer

2 Knoblauchzehen

4 Thymianzweige

Salz, Pfeffer

Für das Niedriggaren muss der Lachs Zimmertemperatur haben, nehmen Sie ihn also rechtzeitig aus dem Kühlschrank.

Den Ofen auf 60 Grad vorheizen und eine feuerfeste Form darin erwärmen.

Die Hälfte der Butter in einem kleinen Pfännchen schmelzen. Die Lachsfilets waschen, trocken tupfen und mit Salz und Pfeffer würzen. Die Filets mit der flüssigen Butter bestreichen und nebeneinander in die gewärmte feuerfeste Form legen. Ingwer und Knoblauch schälen und in hauchdünne Scheiben schneiden. Die Scheibchen gleichmäßig auf dem Fisch anordnen, die restliche Butter in Flocken darüber verteilen und die Thymianzweige dazulegen. Die Form mit Klarsichtfolie gut verschließen. Den Lachs im heißen Ofen bei konstant 60 Grad (die Temperatur am besten mit einem Backofenthermometer kontrollieren) 40 Minuten garen.

Nach der Garzeit hat der Fisch sein frisches Aussehen kaum verändert, aber er ist komplett durchgegart, saftig und zergeht auf der Zunge. Einfach köstlich!!

Atlantischer Wildlachs hat einen einzigartigen Geschmack. Der englische Koch und Kochbuchautor Mitch Tonks beschreibt ihn als „vollmundig, würzig-süß und doch sauber, durch seinen relativ hohen Fettgehalt erzeugt er im Mund einen üppigen, saftigen Eindruck". Wir können Mr. Tonks nur zustimmen. Allerdings sind heute auch Zuchtlachse, besonders jene aus Bio-Zucht, von hervorragender Qualität. Am besten probieren Sie beide Sorten, um den Unterschied festzustellen.

Bacalao in Sherry mariniert und gebacken

Für vier Personen

800 g fleischige Klippfisch-filets ohne Haut und Gräten

4 Knoblauchzehen

½ l trockener Sherry

6 getrocknete Lorbeerblätter

1 Teelöffel Senfpulver

Salz, Pfeffer

100 g Mehl

¼ l Öl

1 Zitrone

Die Fischfilets 2 Tage in kaltem Wasser einweichen. Das Wasser möglichst zweimal am Tag wechseln. Anschließend den Fisch mit den Fingern nach verbliebenen Gräten absuchen, eventuelle Hautreste entfernen. Die Filets in fischstäbchengroße Streifen schneiden.

Den Knoblauch schälen und fein hacken, mit dem Sherry, den zerkrümelten Lorbeerblättern und dem Senfpulver gut vermischen. Den Fisch darin mindestens 4 Stunden marinieren, am besten über Nacht gut verschlossen in den Kühlschrank stellen.

Den Fisch aus der Marinade nehmen, leicht salzen und pfeffern und ringsum in Mehl wenden. Überschüssiges Mehl abschütteln. Das Öl in einer tiefen Pfanne erhitzen und die Fischstücke in etwa 5 Minuten goldgelb ausbacken. Den Fisch auf Küchenkrepp abtropfen lassen und mit Zitronenspalten servieren. Perfekte Begleiter sind Salzkartoffeln und eine Aioli oder Remoulade, auch eine Salsa Verde aus frischen Kräutern, Kapern, Knoblauch, Olivenöl und Zitronensaft passt bestens.

Klippfisch und Stockfisch werden im Sprachgebrauch häufig miteinander verwechselt. Beide sind luftgetrocknete Fische, vor allem Kabeljau, aber auch Seelachs, Schellfisch und Leng. Nach dem Fang werden sie ausgenommen und von den Köpfen befreit. Stockfisch wird anschließend auf Holzgestellen an der Luft getrocknet und dabei mehrere Wochen dem salzigen Meereswind ausgesetzt. Klippfisch wird zunächst drei bis vier Wochen in Salzlake gelegt und danach zum Trocknen auf Felsklippen ausgelegt (heute trocknet man ihn meistens in speziellen Öfen). Das Fleisch des Stockfischs wird trocken und hart, das des Klippfischs behält durch das Salz einen höheren Wasseranteil und ist etwas weicher. Früher wurde Stockfisch unter anderem für lange Schiffsreisen hergestellt und so haben vor allem die ehemaligen Seefahrernationen Norwegen, Island, Portugal und Spanien diese Konservierungsmethode angewandt. Trotz moderner Kühlmethoden ist der getrocknete Fisch mit seinem charakteristischen Geschmack vor allem im Mittelmeerraum eine beliebte Delikatesse.

Miesmuscheln in Weißwein

Für zwei Personen

2 kg Miesmuscheln

2 Schalotten

1 Karotte

½ Fenchelknolle

1 kleine Lauchstange

2 Knoblauchzehen

1 Bund Blattpetersilie

1 Esslöffel Olivenöl

¼ l Weißwein

¼ l Gemüsebrühe
oder Fischfond

Salz und Pfeffer

Die Miesmuscheln in kaltem Wasser waschen und die Bärte entfernen. Beschädigte und geöffnete Muscheln aussortieren. Wenn Sie unsicher sind, ob eine leicht geöffnete Muschel in Ordnung ist, klopfen Sie sie am besten auf die Arbeitsplatte. Wenn sie sich sofort schließt, ist sie einwandfrei, wenn nicht müssen Sie sie wegwerfen. Umgekehrt sind Muscheln, die sich nach dem Garen nicht öffnen, ungenießbar.

Das Gemüse putzen und in feine Streifen schneiden. Den Knoblauch grob hacken. Die Petersilie waschen, trocken schleudern, die Blättchen abzupfen und grob hacken.

Das Olivenöl in einem großen Topf mit Deckel erhitzen und die Gemüsestreifen anschwitzen, den Knoblauch dazugeben und mit Weißwein und Brühe auffüllen. Das Gemüse etwa 5 Minuten dünsten und mit wenig Salz und Pfeffer abschmecken. Die Muscheln in den Sud geben, mit dem Deckel verschließen. Die Muscheln vier bis fünf Minuten bei starker Hitze kochen, bis sich alle Muscheln geöffnet haben. Die Petersilie zu den Muscheln geben und die Muscheln noch einmal gründlich im Sud wenden. Die Muscheln in tiefen Tellern anrichten und mit dem Sud übergießen. Dazu schmeckt frisches knuspriges Weißbrot, mit dem Sie den köstlichen Sud auftunken können.

Jakobsmuscheln in der Schale gebacken

Für zwei Personen

8 frische Jakobsmuscheln
mit Corail

2 Knoblauchzehen

3 Stängel glatte Petersilie

1 eingelegtes Sardellenfilet

100 g Butter

1 Spritzer Tabascosauce

2 Zweige Estragon

8 Esslöffel trockener Weißwein

8 Esslöffel Olivenöl

Fleur de Sel

8 Teelöffel frisch geriebene
Semmelbrösel

Lassen Sie die Jakobsmuscheln vom Fischhändler auslösen und säubern. Die gewölbte, untere Schale mitnehmen und gründlich säubern.

Den Backofen auf 240 Grad vorheizen.

Den Knoblauch schälen und grob hacken. Die Petersilie waschen, trocken tupfen, die Blättchen abzupfen. Knoblauch, Petersilie, das Sardellenfilet und die Tabascosauce mit der Butter pürieren, bis die Masse glatt ist. Den Estragon waschen, trocken tupfen, die Blättchen abzupfen und fein schneiden.

Jeweils 1 Jakobsmuschel mit Corail in eine Muschelschale legen, etwas Estragon darüber streuen und mit je 1 Esslöffel Wein und Olivenöl begießen, mit wenig Fleur de Sel würzen. Auf jede Muschel 1 Teelöffel Sardellenbutter setzen und 1 Teelöffel Semmelbrösel darüber streuen. Die Jakobsmuscheln auf ein Backblech setzen und 5 Minuten backen, bis die Brösel goldbraun sind und der Sud in der Schale brodelt. Die Muscheln in der Schale auf zwei Teller platzieren und mit knusprigem Weißbrot servieren.

Frische Jakobsmuscheln gibt es von Ende September bis Ende Juni. Von Juli bis August haben sie Laichzeit und danach brauchen sie noch einige Wochen, bis sie wieder fleischig sind und gut schmecken. Eine Alternative sind tiefgekühlte Jakobsmuscheln, aber einem Vergleich mit den frischen halten sie nicht Stand. Probieren Sie unbedingt den orangefarbenen Rogen der Muschel, den sogenannten Corail. Er hat einen kräftigen Geschmack und eine fast cremige Konsistenz.

Pulpo in Tomaten-Weißweinsauce

Für vier Personen

800 g Pulpo

¾ l Weißwein

½ Zwiebel

1 Lorbeerblatt

3 Nelken

1 Teelöffel Fenchelsamen

2 Schalotten

2 Knoblauchzehen

1 rote Chilischote

4 San-Marzano-Tomaten

4 Esslöffel Olivenöl

Salz, Pfeffer

Kopf, Kauwerkzeuge und Innereien des Pulpo vom Fischhändler entfernen lassen. Den Kraken unter fließendem Wasser gründlich säubern, dabei auch den Körpersack umstülpen und auswaschen. Die halbierte Zwiebel mit dem Lorbeerblatt und den Nelken spicken. Den Pulpo in einen Topf legen, in dem er gerade eben Platz hat, und mit 1 l Wasser und ½ l Wein begießen. Die gespickte Zwiebel, die Hälfte des Fenchelsamens und etwas Salz dazugeben. Etwa eine halbe Stunde leise köcheln lassen. Der Pulpo ist weich, wenn er sich mit einem scharfen Messer an der Verbindung zwischen Körper und Tentakeln ohne Widerstand einpiksen lässt. Den Pulpo aus dem Wasser heben und abkühlen lassen.

Die Schalotten schälen und in feine Würfel schneiden. Den Knoblauch schälen und fein hacken. Die Chilischote halbieren, Kerne, Stielansatz und Trennwände entfernen und die Schote längs in dünne Fäden schneiden. Die restlichen Fenchelsamen mit ein paar Tropfen Öl im Mörser zerreiben.

Die Tomaten überbrühen, häuten, die Kerne herauskratzen und das Fruchtfleisch in Würfel schneiden. Den abgekühlten Pulpo in 3 cm große Stücke schneiden. Das Olivenöl in einer Pfanne erhitzen, die Schalotten glasig anbraten, Knoblauch und Chili dazugeben und 5 Minuten bei schwacher Hitze dünsten. Den Fenchelsamen und die Pulpostücke unterheben, mit ¼ l Weißwein übergießen und kurz aufkochen. Die Tomatenwürfel dazugeben, gut durchschwenken und mit Salz und Pfeffer abschmecken.

Natur
Früchte

Gebratene Weinberg-Pfirsiche

Für vier Personen

50 g Mandelblättchen

2 Teelöffel Butter

4 große Weinberg-Pfirsiche

1 Vanilleschote

4 Esslöffel Zucker

100 ml Süßwein,
z. B. Sauternes oder
Montbazillac

200 ml Crème fraîche

Die Mandelblättchen in 1 Teelöffel Butter goldbraun rösten. Die Weinberg-Pfirsiche waschen, quer halbieren und den Kern herauslösen. Die Vanilleschote längs aufschneiden und das Mark herauskratzen. Die restliche Butter in einer Pfanne erhitzen, den Zucker bei mittlerer Hitze darin schmelzen. Die Pfirsichhälften mit der Schnittfläche nach unten in die Pfanne setzen, das Vanillemark dazugeben und 3 Minuten sanft braten. Die Pfirsiche aus der Pfanne nehmen. Den Süßwein angießen und 1 Minute kochen lassen. Die Crème fraîche glatt rühren und auf 4 Teller verteilen. Die Pfirsiche darauf setzen und mit dem Karamell beträufeln. Mit den gerösteten Mandelblättchen bestreuen.

Anstelle des Süßweins können Sie auch Pfirsichlikör verwenden.

Meringue

Ergibt 1 Blech

3 Eiweiß

120 g Kristallzucker

1 Prise Salz

Eiweiß, Salz und ein Viertel des Zuckers in eine große Rührschüssel geben und mit einem Handrührer auf mittlerer Stufe schaumig schlagen. Danach den Zucker löffelweise langsam unterschlagen, bis die Masse schön glänzt und zäh und fest ist. Wenn Sie die den Handrührer herausziehen, müssen sich kleine Spitzen bilden.

Den Backofen auf 90 Grad vorheizen.
Ein Backblech mit Backpapier auslegen. Die Meringuemasse in einen Spritzbeutel mit Sterntülle füllen und kleine Rosetten auf das Blech spritzen. Die Meringue in den Ofen schieben und 3 Stunden trocknen lassen. Damit die Feuchtigkeit aus dem Ofen entweichen kann – sie würde die Meringues zäh und klebrig werden lassen –, die Ofentür mit einem Holzlöffel einen Spalt breit offen halten. Nach der Trocknungszeit die Meringues auf einem Kuchengitter abkühlen lassen. Wenn sie komplett durchgetrocknet sind, halten sich die Meringue in einer Blechdose mehrere Wochen lang.

Damit die Meringue gelingen, muss das Eiweiß unbedingt sauber sein, darf also kein noch so kleines Fitzelchen Eigelb oder Eierschale enthalten. Rührschüssel und Rührgerät müssen absolut fettfrei sein.

Beerensalat mit gerösteten Nüssen, Sahne und Meringuebröseln

Für sechs Personen

50 g Zucker

1 cm Ingwer

125 g Brombeeren

125 g Himbeeren

125 g Erbeeren

125 g Johannisbeeren

50 ml Crème de Cassis

20 g Mandeln

20 g Walnüsse

20 g Pinienkerne

125 g süße Sahne

2 Esslöffel Crème fraîche

3 Meringue

Den Zucker mit dem geschälten Ingwer und 60 ml Wasser 15 Minuten sprudelnd kochen lassen, bis die Lösung etwas dickflüssig geworden ist. Die Zuckerlösung erkalten lassen. Die Beeren waschen, gut abtropfen lassen und von Stielen und Rispen befreien. Die Zuckerlösung und die Crème de Cassis vermischen und die Beeren darin marinieren. Die Nüsse grob hacken und in einer Pfanne ohne Fett rösten, bis sie zu duften beginnen. Aufpassen, dass sie nicht verbrennen. Die Sahne steif schlagen und die Crème fraîche unterheben. Die Meringue grob zerbröseln, mit den Nüssen vermischen und unter die Sahne heben. Die marinierten Beeren in 6 Dessertschalen füllen, die Sahne darauf verteilen.

Apfeltraum

Für vier Personen

Apfelkompott

4 Äpfel, z. B. Boskop,
Berlepsch oder Elstar

Saft von 1 Zitrone

4 Esslöffel Zucker

50 ml weißer Portwein

Mascarponecreme

50 g Zucker

2 Eigelbe

500 g Mascarpone

200 g Löffelbiskuit

⅛ l kräftiger Espresso

4 cl Calvados

Zimt zum Bestäuben

Für das Apfelkompott die Äpfel schälen, vierteln und das Kerngehäuse herausschneiden. Die Apfelviertel fein würfeln und mit dem Zitronensaft vermischen. Den Zucker bei mittlerer Hitze in einer Pfanne hellbraun schmelzen lassen. Die Apfelstücke dazugeben und dünsten, bis sie zerfallen. Mit dem Portwein ablöschen und etwas einkochen lassen. Vom Herd ziehen und erkalten lassen.

Für die Mascarponecreme den Zucker mit den Eigelben schaumig rühren, den Mascarpone dazugeben und alles zu einer cremigen Masse verrühren. Eine viereckige Glas- oder Porzellanform mit den Löffelbiskuits auslegen. Den kalten Espresso mit dem Calvados vermischen und die Biskuits damit beträufeln. Die Hälfte der Mascarponecreme auf die Biskuits streichen, das Apfelkompott gleichmäßig darüber verteilen und mit dem restlichen Mascarpone bedecken. Den Apfeltraum etwa 8 Stunden, am besten über Nacht, im Kühlschrank ziehen lassen. Vor dem Servieren mit Zimt bestreuen.

Pfitzauf

Für 12 Pfitzaufförmchen

Kompott

500 g Pflaumen

1 Teelöffel Butter

1 Spritzer Zitronensaft

1 Esslöffel Zucker

⅛ l Rotwein

1 Stange Zimt

Teig

80 g Butter

250 g Mehl

½ l Milch

5 Eier

1 Prise Salz

1 Esslöffel Zucker

weiche Butter für die Form

Die Pflaumen entkernen und vierteln. Die Butter, den Zitronensaft und den Zucker in einem Topf schmelzen und unter Rühren zu einem goldbraunen Karamell köcheln. Gut aufpassen, dass der Karamell nicht zu dunkel wird und verbrennt; lieber bei mäßiger Hitze arbeiten als mit zu hoher Flamme. Den Wein dazu gießen und rühren, bis sich der Karamell auflöst und eine siruparti- ge Konsistenz annimmt. Die Pflaumen und die Zimtstange in die heiße Flüssigkeit geben und etwa 5 bis10 Minuten im zugedeck- ten Topf köcheln lassen. Anschließend abkühlen lassen.

Den Backofen auf 200 Grad vorheizen.

Für den Pfitzaufteig die Butter in einem kleinen Topf schmel- zen lassen. Mehl, Milch, Eier, Salz und Zucker zu einem ge- schmeidigen Teig verrühren, die zerlassene Butter untermischen. Die Pfännchen der Pfitzaufform mit einem Pinsel gut einfetten und den Teig einfüllen. Die Mulden nur halb befüllen, weil der Teig beim Backen sein Volumen fast verdreifacht. Die Form in den Ofen schieben und 25 Minuten backen. Während der Back- zeit den Ofen nicht öffnen, sonst fällt der Teig zusammen. Die Küchlein mit zwei Gabeln vorsichtig aus den Mulden heben, mit Puderzucker bestreuen und mit dem lauwarmen Pflaumenkom- pott servieren.

Pfitzauf ist ein traditionelles Gericht der schwäbischen Küche, eine Art luftiger Eierku- chen, der in einer speziellen Tonform gebacken wird. Den Namen hat der Pfitzauf von seinem Drang gewaltig aufzugehen und über den Förmchenrand hinauszusteigen: er „pfitzt auf", wie es im Schwäbischen heißt.

Angeblich wird in einigen traditionsbewussten Baden-Württemberger Haushalten die tönerne Original-Pfitzaufform von Generation zu Generation vererbt. Wenn Sie nicht zu den glücklichen Erben zählen, können Sie ersatzweise Auflaufförmchen oder Kaffeetas- sen benutzen. Auch in Muffinformen gelingt der Pfitzauf; weil diese aber flacher sind als die Pfitzaufformen, verringert sich die Backzeit um etwa 5 Minuten.

Grießflammeri mit Aprikosenkompott

Für vier Personen

Grießflammeri

2 Eier

1 Prise Salz

60 g Zucker

1 Vanilleschote

150 ml Milch

40 g Butter

40 g Grieß

Kompott

8 Aprikosen

20 ml Beaume de Venise oder einen anderen süßen Dessertwein

30 g Zucker

½ unbehandelte Zitrone

8 Blättchen Minze

Die Eier trennen, das Eiweiß mit 1 Prise Salz zu Schnee schlagen. Die Eigelbe mit dem Zucker schaumig rühren. Die Vanilleschote längs aufschlitzen und das Mark herauskratzen. Die Milch mit der Butter, dem Vanillemark und der -schote zum Kochen bringen.

Wenn die Milch kocht, die Vanilleschote herausfischen und den Grieß unter Rühren einrieseln lassen. Das Ganze einmal aufblubbern lassen, danach 10 Minuten neben dem Herd quellen lassen.

Den Backofen auf 180 Grad vorheizen.

Den Zucker-Eierschaum unter den Grieß heben und sehr gut unterrühren, damit sich keine Klümpchen bilden. Zum Schluss den Eischnee behutsam unterheben. 4 Auflaufförmchen gut mit Butter einfetten und mit Zucker bestreuen. Den Grießbrei in die Förmchen verteilen und im heißen Ofen circa 15 Minuten backen.

Für das Kompott die Aprikosen in einer Schüssel mit kochendem Wasser übergießen. Nach drei bis vier Sekunden herausnehmen, etwas abkühlen lassen und die Haut abziehen. Die Aprikosen halbieren, den Kern entfernen und das Fruchtfleisch in gleichmäßige Spalten schneiden. Die Zitrone waschen, abtrocknen und die Schale abreiben, den Saft auspressen. Den Beaume de Venise, den Zucker, den Zitronensaft und die -schale erhitzen. Die Minzblättchen grob zerzupfen und dazugeben. Die Aprikosenspalten in den Sud geben und einmal aufkochen lassen, dabei vorsichtig umrühren. Die Grießflammeri auf Dessertteller stürzen und mit dem lauwarmen Kompott servieren.

Crema Catalana

Für sechs Personen

50 g Maisstärke

1 l Milch

7 Eigelbe

200 g Zucker

1 unbehandelte Zitrone

50 g brauner Zucker

Bunsenbrenner oder Brenneisen

Die Maisstärke mit ¼ l Milch in einer wasserbadtauglichen Schüssel mit rundem Boden glatt rühren. Die Eigelbe und den Zucker dazugeben und gut vermischen. Die Zitrone waschen, abtrocknen und die Schale in die Eiermilch reiben. Die Masse im siedenden Wasserbad mit einem Schneebesen unter ständigem Rühren andicken lassen. Sobald die Creme puddingartig eingedickt ist, in 6 Schalen verteilen und im Kühlschrank abkühlen lassen, am besten über Nacht.

Vor dem Servieren die Creme gleichmäßig mit braunem Zucker bestreuen und mit einem Bunsenbrenner karamellisieren. In Spanien gibt es dafür spezielle Brenneisen, die über der Gasflamme erhitzt und dann kurz über die Creme gehalten werden. In Deutschland gibt es mittlerweile in allen Haushaltswarengeschäften preiswerte Gasbrenner. Das Karamellisieren braucht damit zwar etwas länger, aber mit ein bisschen Geduld ist das Ergebnis tadellos.

Mit den Eiweißen können Sie die Meringue von Seite 212 backen.

Kirschenplotzer

Für eine mittelgroße Springform von 26 bis 28 cm Durchmesser

**1 kg feste schwarze Kirschen,
z. B. Unterländer Kirschen aus
der Region**

6 Milchbrötchen

400 ml Milch

½ unbehandelte Zitrone

4 große Eier

100 g Butter

120 g Zucker

1 Prise Salz

1 Messerspitze Zimt

**Butter und Semmelbrösel
zum Ausfetten der Form**

Die Kirschen waschen, entkernen und in einem Sieb abtropfen lassen. Die Milchbrötchen in etwa 1 cm große Würfel schneiden, die Milch erwärmen und über die Brötchen gießen. Die Zitronenschale abreiben. Die Eier trennen, die Butter mit dem Handrührer schaumig schlagen. Die Eigelbe einzeln unterheben. Zimt und geriebene Zitronenschale unterrühren. Das Eiweiß zu Schnee schlagen, dabei löffelweise den Zucker einrieseln lassen und zum Schluss eine Prise Salz dazugeben.

Den Backofen auf 180 Grad vorheizen.

Die eingeweichten Brötchen und die Eier-Butter-Masse vorsichtig vermengen und den Eischnee behutsam unterziehen. Die entsteinten Kirschen unterheben und den Teig in eine gebutterte und mit Semmelbröseln bestreute Springform füllen. Im heißen Backofen 1 Stunde mit Umluft backen.

Für Badischen Kerscheplotzer werden die Kirschen mit Stein verwendet. Statt der Milchbrötchen nimmt man 200 g geröstetes, geriebenes Schwarzbrot und 150 g gemahlene Mandeln oder Haselnüsse. Anstelle der Milch wird das Brot mit 100 ml Rotwein und 10 ml Kirschwasser begossen. Alle anderen Zutaten bleiben gleich. Bei dieser Variante sollten allerdings keine Kinder mit am Tisch sitzen.

Walnussparfait

Für sechs Personen

5 Eigelbe

150 g Zucker

150 ml Wasser

150 g Walnüsse

1 Teelöffel Waldhonig

20 ml Walnuss- oder Orangenlikör

500 ml süße Sahne

Zucker und Wasser 15 Minuten sprudelnd kochen lassen, bis die Flüssigkeit dickflüssig ist. Die Eigelbe im siedenden Wasserbad mit der heißen Zuckerlösung aufschlagen, bis die Masse cremig wird. Aufpassen, dass die Creme nicht zu heiß wird, sonst gerinnen die Eigelbe. Die Wasserbadschüssel in kaltes Wasser stellen und die Eimasse unter Rühren erkalten lassen. Die Walnüsse grob hacken und in einer beschichteten Pfanne ohne Fett leicht rösten. Den Honig untermischen und unter Rühren leicht karamellisieren lassen, mit dem Likör ablöschen. Die Sahne steif schlagen. Die Nüsse in die Eierzuckercreme geben und die geschlagene Sahne vorsichtig unterheben. Eine Kastenform mit Klarsichtfolie auslegen, die Creme einfüllen und mit Folie abdecken. Mindestens 6 Stunden, am besten über Nacht, in das Gefrierfach stellen. Das Parfait vor dem Servieren kurz im Kühlschrank temperieren, auf eine Platte stürzen und in Scheiben schneiden.

Birnentarte

Für eine Kuchenformform von
26 bis 28 cm Durchmesser

Mürbeteig

210 g Mehl

1 Prise Salz

1 Eigelb

70 g Zucker

1 Prise Zimt

140 g kalte Butter in Flocken

Belag

1 kg aromatische feste Birnen,
z. B. Abate oder Williams

½ Zitrone

1 Ei

125 g Sahne

1 bis 2 Esslöffel Zucker
(je nach Süße der Birnen)

1 Messerspitze Zimt

2 Prisen gemahlene Nelken

100 g gemahlene Mandeln

Butter und Semmelbrösel
für die Form

Das Mehl auf die Arbeitsfläche häufen, eine Kuhle hineindrücken, Salz und Eigelb in die Mitte geben und Zucker und Zimt darüber streuen. Die kalten Butterflocken auf dem Mehl verteilen und mit möglichst kühlen Händen alles rasch zu einem Teig kneten. Nicht zu lange bearbeiten, weil sonst die Butter schmilzt und der Teig zäh wird. Bei Bedarf einige Tropfen kaltes Wasser untermischen. Den Teig zu einer Kugel formen, in Klarsichtfolie hüllen und eine Stunde in den Kühlschrank stellen.

Die Birnen schälen und entkernen, in feine Scheiben schneiden und mit dem Saft der halben Zitrone vermischen. Ei, Sahne, Zucker, Zimt und Nelkenpulver gut miteinander verrühren und die Hälfte der Mandeln unterheben.

Die Tarteform gut ausbuttern und mit Semmelbröseln bestreuen. Die Form drehen und wenden, bis sie überall von den Bröseln überzogen ist.

Den Backofen auf 180 Grad vorheizen.

Den Teig 2 bis 3 mm dünn ausrollen und in die Form legen. Die restlichen Mandeln über den Teig streuen und gleichmäßig mit den Birnenstücken belegen. Die Eier-Sahnemasse über die Birnen gießen und den Kuchen circa 40 Minuten backen, bis er eine schöne goldbraune Farbe hat.

Elsässer Heidelbeertarte

Für eine Tortenform von
26 bis 28 cm Durchmesser

Mürbeteig

210 g Mehl

1 Prise Salz

1 Eigelb

70 g Zucker

140 g kalte Butter in Flocken

Belag

750 g Heidelbeeren

50 g Semmelbrösel

75 g feiner Zucker

1 unbehandelte Zitrone

Puderzucker zum Bestreuen

Den Mürbeteig wie auf Seite 220 zubereiten.

Die Heidelbeeren verlesen und waschen, in einem Sieb gut abtropfen lassen.

Den Backofen auf 220 Grad vorheizen.

Die Tortenform gut mit Butter ausstreichen und gleichmäßig mit Mehl bestreuen. Den Teig 2 bis 3 mm dick ausrollen und in eine Tarteform legen. Mit einer Gabel mehrmals in den Teigboden stechen, die Form in den heißen Ofen stellen und den Teig 5 Minuten vorbacken. Den Tortenboden herausnehmen und mit den Semmelbröseln bestreuen. Die Heidelbeeren gleichmäßig auf dem Tortenboden verteilen und weitere 20 Minuten backen. Die Zitrone heiß abwaschen und abtrocknen. Die Schale abreiben, mit dem Zucker vermischen und über die Heidelbeeren streuen. Den Kuchen nun auf der zweithöchsten Schiene bei Oberhitze nochmals 15 Minuten backen. Die Oberhitze ist wichtig, damit Saft und Zucker karamellisieren. Die Tarte nach dem Erkalten mit Puderzucker bestreuen.

Schwäbischer Träubleskuchen

Für eine Springform von
24 cm Durchmesser

Mürbeteig

210 g Mehl

1 Prise Salz

1 Eigelb

70 g Zucker

140 g kalte Butter in Flocken

Belag

500 g rote Johannisbeeren

1 unbehandelte Zitrone

120 g gemahlene Mandeln

Butter für die Form

50 g Semmelbrösel

4 Eiweiß

1 Prise Salz

200 g Zucker

50 g Semmelbrösel

etwas Puderzucker

Den Mürbeteig wie auf Seite 220 zubereiten.

Die Johannisbeeren waschen, trocken tupfen und die Beeren abzupfen. Die Zitrone waschen, abtrocknen und die Schale reiben. Die Mandeln in einer beschichteten Pfanne ohne Fett leicht anrösten, aber nicht braun werden lassen.

Den Backofen auf 180 Grad vorheizen.

Eine Springform gründlich mit Butter ausstreichen und mit Mehl bestäuben. ⅔ des Teigs ausrollen und den Boden der Form damit belegen. Aus dem restlichen Teil eine Rolle formen und als Rand festdrücken. Mit einer Gabel den Teig mehrmals einstechen. Den Teig 5 Minuten im heißen Ofen vorbacken, aus dem Ofen nehmen, mit den Semmelbröseln bestreuen und etwas abkühlen lassen.

In der Zwischenzeit Eiweiß, Salz und ¼ des Zuckers in eine große Rührschüssel geben und mit einem Handrührer auf mittlerer Stufe schaumig schlagen. Danach den restlichen Zucker löffelweise unterschlagen, bis die Masse fest ist und schön glänzt.

Johannisbeeren, Zitronenschale und Mandeln unter den Eischnee heben. Belag gleichmäßig verteilen und den Kuchen im heißen Ofen auf der untersten Schiene in 40 Minuten fertig backen. Aufpassen, dass das Baiser nicht zu dunkel wird, den Kuchen eventuell in den letzten Minuten mit Backpapier abdecken. Den Kuchen vor dem Servieren auskühlen lassen, wer mag bestreut ihn mit Puderzucker oder reicht geschlagene Sahne dazu.

Schokoladentörtchen mit flüssigem Kern

Für vier bis sechs Törtchen
(je nach Größe der Backformen)

100 g beste Schokolade mit
mindestens 70 % Kakaoanteil

100 g Butter

2 Eier

80 g Zucker

1 Prise Salz

20 g Mehl

Butter zum Ausfetten für die
Förmchen

Die Schokolade in Stücke brechen und im siedenden Wasserbad zusammen mit der Butter schmelzen lassen. Die Masse gut verrühren und danach abkühlen lassen. Die Eier mit dem Zucker schlagen, bis die Mischung hellgelb und schaumig ist, zum Schluss die Prise Salz dazugeben. Die geschmolzene Schokolade unter die Eimasse heben und gründlich vermischen. Das Mehl darüber sieben und unterheben.

Den Backofen auf 200 Grad vorheizen.

Die Back- oder Auflaufförmchen gut ausbuttern (wenn Sie keine geeigneten Förmchen haben, können Sie ein Muffinblech verwenden) und mit Mehl bestäuben, die Masse hineinfüllen und im heißen Ofen 7 bis 9 Minuten backen. Es ist wichtig, die Törtchen sofort aus dem Ofen zu nehmen, wenn die Oberfläche eine zusammenhängende Kruste hat, das Innere aber noch flüssig ist. Wenn Sie unsicher sind, drücken Sie mit dem Finger leicht auf ein Törtchen: wenn der Teig noch gut nachgibt und Sie das Gefühl haben, er sei noch nicht durchgebacken, ist die Konsistenz gerade richtig.

Die Törtchen etwas abkühlen lassen, aus den Förmchen stürzen und sofort servieren. Wenn beim Essen die noch flüssige, warme Schokolade aus dem Törtchen läuft, öffnet sich das Tor zum siebten Schokoladenhimmel.

Dampfnudeln mit Vanillesauce

Für acht Personen

Hefeteig

¼ l Milch

1 Würfel frische Hefe

100 g Zucker

500 g Mehl

100 g Butter

1 Ei

1 Prise Salz

½ unbehandelte Zitrone

Zum Dämpfen

¼ l Milch

50 g Butter

1 Esslöffel Zucker

Sauce

¼ l Milch

Vanilleschote

3 Eigelbe

75 g Zucker

Damit der Hefeteig gelingt, müssen alle Zutaten zimmerwarm sein, sonst hat die Hefe keine Chance, ihre Treibkraft zu entwickeln.

⅛ l lauwarme Milch mit der zerbröckelten Hefe, einem Teelöffel Zucker und einem Esslöffel Mehl verrühren. Diesen Ansatz, den sogenannten Vorteig, an einem warmen, zugfreien Ort gehen lassen, bis er schön aufgegangen ist und Blasen bildet.

In der Zwischenzeit die Butter in einem Topf zerlassen und die Zitronenschale abreiben. Das restliche Mehl in eine Rührschüssel sieben und mit dem restlichen Zucker, dem Ei, der Prise Salz und der Zitronenschale vermischen. Die übrige warme Milch und den gegangenen Vorteig mit den Knethaken des Handrührers unterkneten. Die flüssige Butter dazugeben und so lange kneten, bis sich der Teig vom Schüsselrand löst und Blasen wirft. Den Teig zu einer Kugel formen und mit einem Küchentuch abgedeckt an einem warmen Ort gehen lassen.

Nach etwa ½ Stunde, das Volumen sollte sich jetzt verdoppelt haben, den Teig wieder zusammenschlagen und noch einmal gut durchkneten. Tennisballgroße Stücke abnehmen und mit den Händen zu Kugeln rollen. Die Teigbälle abgedeckt eine weitere ½ Stunde gehen lassen.

Die Milch in einen ausreichend großen Topf mit gut schließendem Deckel gießen, den Zucker und die Butter dazu geben und

die Flüssigkeit zum Kochen bringen. Die Teigbälle locker nebeneinander hineinsetzen, den Deckel auflegen und die Hefekugeln auf dem Herd bei mittlerer Hitze etwa 20 bis 25 Minuten dämpfen. Während des Dämpfens auf keinen Fall den Deckel heben, die Dampfnudeln fallen sonst zusammen. Wenn es nach frischem Brot riecht und ein leichtes Krachen aus dem Topf zu hören ist, sind die Dampfnudeln fertig. Sie sollten von vornehmer Blässe sein, mit einer schönen Karamellkruste auf der Unterseite.

Für die Sauce die Milch mit der aufgeschnittenen Vanilleschote erhitzen und wieder abkühlen lassen, die Vanilleschote entfernen. In der Zwischenzeit die Eigelbe mit dem Zucker in einem Schlagkessel schaumig schlagen. Die auf etwa 85 Grad abgekühlte Milch mit dem Eierschaum verrühren. Die Eiermilch im Wasserbad unter ständigem Rühren andicken lassen. Aufpassen, dass das Wasserbad nicht kocht, sondern lediglich siedet, da sonst das Eigelb gerinnt und die Sauce klumpig und ungenießbar wird. Als Alternative zur Vanillesauce empfiehlt sich ein Kompott aus Äpfeln, Birnen oder Zwetschgen.

Die Dampfnudeln sind nicht nur ein köstliches Dessert, sondern als Hauptgericht eine schöne Abwechslung zu Fisch oder Fleisch. Die angegebenen Mengen reichen dann nur für vier Personen.

Fachleute nennen das Eindicken im Wasserbad „zur Rose schlagen", weil sich auf dem Rücken des Kochlöffels (mit etwas Phantasie) eine Rosenblüte zeigt, wenn man ihn aus der Schaummasse nimmt und leicht darüber bläst.

2011 feiert Ragoßnig – Obst Gemüse und Demeterprodukte fünfzigjähriges Jubiläum in der Markthalle. Tatsächlich handelt die Familie schon viel länger mit Obst und Gemüse, bereits die Großmutter des heutigen Besitzers hatte einen Gemüsestand in Graz. Ihren Sohn zog es in die Welt hinaus, Er landete schließlich in Stuttgart und getreu der Familientradition eröffnete er einen Marktstand. Schon zwei Jahre später nahm er Demeterobst und -gemüse ins Sortiment. Dabei ist es auch geblieben, als die „Jungen", Herbert und Dagmar Ragoßnig, den Stand übernommen haben.

Die Ragoßnigs arbeiten zweigleisig: Einen Teil ihres Angebots beziehen sie aus konventionellem Anbau, der andere Teil ist den Demeterprodukten vorbehalten. Zum Obst und Gemüse sind eine ganze Reihe Lebensmittel aus bio-dynamischem Anbau dazugekommen. Mehl und Getreide, Honig, Kaffee, Tee und Säfte und das gute Brot von der Eselsmühle im Siebenmühlental. Das Gemüse in der „Demeter-Ecke" stammt von Kleinbauern aus der Region. „Erst wenn es im Winter kaum noch heimisches Obst und Gemüse gibt, wird Ware aus dem Ausland gekauft, natürlich auch aus Demeteranbau", erklärt Dagmar Ragoßnig. „Irgendein regionales Gemüse haben wir aber fast immer, im Winter zum Beispiel den fast vergessenen Zuckerhut." Der Salat wird Ende Oktober erntereif und hält sich dank seiner guten Lagerfähigkeit bis Februar im Kühlhaus.

Ebenfalls nur für kurze Zeit im Winter gibt es Bitterorangen, die in Deutschland selten zu bekommen sind. Aus denen kocht Dagmar Ragoßnig eine köstliche, herbe Orangenmarmelade, nach einem Rezept, das ihr eine achtzigjährige Kundin verraten hat. Immer verfügbar ist das hervorragende Steirische Kürbiskernöl, handgepresst in einer kleinen Ölmühle, das die Ragoßnigs im eigenen Auto aus Österreich importieren.

Auf die Frage nach ihrem Lieblingsessen hat sie sofort eine Antwort: Paprika, Auberginen, Zucchini, Okra, Chili, alles was sie am nächsten Tag nicht mehr verkaufen kann, wandert abends klein geschnitten in die Pfanne und dünstet in Olivenöl. Zum Schluss wird Ziegengouda drüber geraspelt und die Gemüsepfanne mit Reis, Nudeln oder Kartoffeln serviert. Das Gericht wird niemals langweilig, weil es sich jeden Tag anders zusammensetzt und die Sommerversion mit der winterlichen kaum noch Ähnlichkeit hat.

Dagmar Ragoßnig verbrachte mehr als ihr halbes Leben in der Markthalle. Seit sie mit 16 Jahren Herbert Ragoßnig kennenlernte, arbeitet sie hier, zuerst als Aushilfe, später als Ehefrau und Mitbesitzerin. Zwei Kinder haben die Ragoßnigs großgezogen. Glücklicherweise gab es eine Oma, die auf die Kinder aufpassen konnte, mit ihrem 14-Stunden-Tag hätten sie das alleine kaum geschafft. Trotzdem können sie sich keinen schöneren Beruf vorstellen.

Von Dagmar Ragoßnig sind die Rezepte für „Bitterorangenmarmelade" auf Seite 228, „Zuckerhutsalat mit Gorgonzola" auf Seite 49 und „Spaghetti mit Kürbiskernpesto" auf Seite 87.

Dagmar Ragoßnigs Bitterorangenmarmelade

Ergibt etwa 8 Gläser
à 200 ml Inhalt

6 unbehandelte bittere
Orangen

3 unbehandelte süße
Orangen

625 g Zucker, kein Gelier-
zucker, sondern normaler,
weißer Haushaltszucker

Von den süßen Orangen oben und unten jeweils einen Deckel abschneiden. Die Früchte auf ein Schneidbrett stellen und die Schale mit der weißen Haut darunter mit einem sehr scharfen Messer abschneiden. Die Schale in feine Streifen, das Fruchtfleisch in kleine Stücke schneiden.

Die bitteren Orangen halbieren und den Saft auspressen. Fruchtfleisch, Häutchen und Kerne herauskratzen und zum Saft geben. Das ist wichtig, denn in den Pressrückständen befindet sich das Pektin, das die Marmelade zum Gelieren bringt. In einem Topf zur Seite stellen.

Die Schale der bitteren Orangen in sehr feine Streifen schneiden und zusammen mit dem Fruchtfleisch und der Schale der süßen Orangen wiegen. Das Fruchtfleisch exakt mit der doppelten Menge Wasser auffüllen (bei 500 g Fruchtfleisch also 1 l Wasser). Den Saft der Bitterorangen mit den Pressrückständen erhitzen und durch ein Sieb in die Fruchtfleisch-Wasser-Mischung streichen. Gut unterrühren und 24 Stunden stehen lassen.

Die Marmeladenmasse nach der Ruhezeit unter Rühren aufkochen, etwa 20 bis 25 Minuten köcheln lassen, bis die Orangenschale weich ist und wieder 12 Stunden stehen lassen.

Die Marmeladenmasse erneut wiegen. 1 kg Marmeladenmasse mit 625 g Zucker verrühren (wenn das Gewicht der Marmeladenmasse abweicht, die Zuckermenge entsprechend umrechnen). 20 Minuten unter Rühren aufkochen lassen. Für die Gelierprobe nehmen Sie eine kalte Untertasse und geben 1 Teelöffel Marmelade darauf, nach ein paar Minuten soll die Marmelade fest werden. Tut sie das nicht, kochen Sie die Marmelade weitere 5 bis 10 Minuten und wiederholen die Gelierprobe. Die Marmelade heiß in sehr saubere Deckelgläser füllen. Die Gläser auf den Deckel stellen, nach 5 Minuten umdrehen und die Marmelade an einem dunklen, kühlen Ort aufbewahren.

Dagmar Ragoßnig hat das Rezept für diese himmlische Marmelade einer achzigjährigen Kundin zu verdanken. Nachdem sie schon früher verschiedene Rezepte ausprobiert hatte, von denen keines sie wirklich überzeugte, ist sie von dieser Rezeptur begeistert. Die Marmelade ist weniger süß, sehr fruchtig und hat eine wunderbar geschmeidige Konsistenz.

Damit Sie sich beim Lesen der Rezepte nicht langweilen, sind einige immer wiederkehrende Zubereitungsmethoden und die Beschreibung von oft benutzten Zutaten nicht jedesmals aufgeführt. So sollte Gemüse, Salat und Obst immer verlesen, geputzt und gewaschen werden. Salat schmeckt nur gut, wenn er vor dem Mischen mit der Vinaigrette gründlich trocken geschleudert wird. Nudeln werden selbstverständlich nicht verkocht, sondern kommen bissfest auf den Tisch. Aber das wissen Sie ja alles selbst.

Tomaten häuten

Die Tomaten oben mit einem scharfen Messer kreuzweise einschneiden. In eine Schüssel legen und mit kochendem Wasser begießen. Nach einer halben Minute abschütten und mit kaltem Wasser abschrecken. Jetzt lässt sich die Haut ganz leicht abziehen. Die Tomaten danach halbieren und die Kerne entfernen. Nach Rezeptangabe weiterverarbeiten.

Salz und Pfeffer

Fisch aus der Pfanne, im Ofen gegart oder roh mariniert, gegrilltes oder kurzgebratenes Fleisch und viele Gemüsegerichte schmecken einfach köstlich mit einer Prise Fleur de Sel. Die „Salzblume" kristallisiert als hauchdünne Schicht an der Oberfläche der Salzbecken. Sie bildet sich nur bei Windstille und wird von Hand geerntet, daher ist sie rar und entsprechend teuer. Auch wenn die einzelnen Körnchen viel grober sind als bei herkömmlichem Salz, schmeckt Fleur de Sel weniger salzig und hat einen geradezu schmelzenden Charakter auf der Zunge.

An den Ständen Gewürz Mayer und Asia-Market finden Experimentierfreudige neben Fleur de Sel, feines Himalayasalz, persisches Blausalz, schwarzes, rotes und grünes Hawaiisalz, Danish Smoked Salt und rosa Inkasalz aus Peru. Hier finden Sie auch wunderbare exotische Pfeffersorten. Pfeffer sollten Sie nur frisch gemahlen oder im Mörser zerstoßen verwenden. Geschrotete oder gemahlene Körner verlieren in kürzester Zeit ihr Aroma und schmecken nach nichts.

Semmel- und Brotbrösel

Vergessen Sie das Sägemehl aus dem Supermarkt und reiben Sie altbackene Brötchen in wohlschmeckende Brösel. Der geschmackliche Unterschied ist gravierend. Wenn Ihnen das Reiben mit der Hand zu anstrengend ist, zerkleinern Sie Brot oder Brötchen in der Küchenmaschine bis zur gewünschten Körnigkeit. Wenn Sie nur frisches Brot im Haus haben, rösten Sie die benötigte Menge bei 200 Grad im Ofen, lassen es abkühlen und zerkleinern es anschließend in der Küchenmaschine.

Schalotten

In den Rezepten werden anstelle von „normalen" Haushaltszwiebeln meistens Schalotten benutzt. Der Grund: Schalotten schmecken fein und aromatisch im Gegensatz zu ihren oft stechend-scharfen Verwandten.

Geriebener Käse

Parmesan, Peccorino, Sbrinz und andere Hartkäse werden immer frisch gerieben. Wenn Sie große Mengen brauchen, reibt sie Ihnen Ihr Käsehändler.

Zitronen

Wenn in den Rezepten geriebene Zitronenschale gebraucht wird, stammt sie selbstverständlich von ungespritzten Früchten.

Öl

Zum Braten sollten Sie ein gutes, zum Verfeinern und für Salate bestes Öl benutzen. In der Stuttgarter Markthalle finden Sie gute Öle bei Buongustaio, Di Gennaro, Il Mercado Espagnol, Feinkost Guschee, Pappas Gourmet-Palace, Veizoglou und Alain Permezel.

Alphabetisches Rezeptverzeichnis

Rezeptverzeichnis nach Menüfolge

Impressum

Die Stuttgarter Markthalle kocht
Rezepte, Tipps und Bilder aus der Markthalle Stuttgart

Herausgegeben von
Eva Wolf, Charlotte Schröner, Paul Claessen, Lothar Krauss

Recherche, Rezepte und Text:
Kaspar Mosetter (www.kaspar-mosetter.de), Eva Wolf
Lektorat: Tina Schreck

Fotografie: Paul Claessen

Gestaltung und Produktion: Lothar Krauss, Charlotte Schröner
Schriften: Franklin Gothic und Centennial

Druck: Nino Druck, Neustadt

Erschienen im
Nizza Verlag
Walldorfer Str. 3
60598 Frankfurt am Main
Tel. 069-63198971
Fax 069-63198970
frankfurt@nizzaverlag.de
www.nizzaverlag.de

1. Auflage, April 2011

© 2011 Nizza Verlag
© Fotos: Paul Claessen

ISBN 978-3-940599-04-9

Printed in Germany